亲近历史·中华上下五千年

宠爱隋唐

QINJIN LISHI ZHONGHUA
SHANG XIA WUQIAN NIAN

葛玉丹 编写

赵洋 赵俊程 高杨 艾德 绘画

全国优秀出版社
浙江少年儿童出版社
·杭州·

图书在版编目（CIP）数据

宠爱隋唐/葛玉丹编写. —杭州：浙江少年儿童出版社，2019.3

（亲近历史·中华上下五千年）

ISBN 978-7-5597-1262-2

Ⅰ.①宠… Ⅱ.①葛… Ⅲ.①中国历史-隋唐时代-少儿读物 Ⅳ.①K240.9

中国版本图书馆CIP数据核字（2019）第019700号

责任编辑	饶虹飞	美术编辑	陈悦帆
封面绘画	郑凯军	封面设计	辰辰星
责任校对	沈 鹏	责任印制	孙 诚

亲近历史·中华上下五千年

宠爱隋唐

CHONG'AI SUI TANG

葛玉丹 编写

赵洋 赵俊程 高杨 艾德 绘画

浙江少年儿童出版社出版发行

（杭州市天目山路40号）

杭州下城教育印刷有限公司印刷　全国各地新华书店经销

开本 880mm×1230mm　1/32　印张 6.25　印数 1—10000

2019年3月第1版　2019年3月第1次印刷

ISBN 978-7-5597-1262-2　　　　　定价：28.00元

（如有印装质量问题，影响阅读，请与购买书店联系调换）

承印厂联系电话：0571-85361198

目录 MULU

引言 / 1

1 隋文帝"开皇之治" / 2
隋文帝治国有道 / 4
皇子和百姓只有一个法 / 6
听隋文帝讲那箱子里的故事 / 8
"撼动大树"的大臣有奖了 / 10

2 大功大过的隋炀帝 / 14
说不尽的繁华 / 16
京杭大运河——中国历史上的大奇迹 / 19
百万大军三征高句丽 / 21

3 隋末农民大起义 / 24
翟让、李密瓦岗军威震中原 / 26
窦建德起义军转战河北 / 30
杜伏威、辅公祏起义军纵横江淮 / 32

4 李唐王朝统一中国 / 34
李渊太原起兵 / 36
洛阳不破,决不回师 / 38

5 李唐王室内讧 / 42
兄弟暗斗,矛盾激化 / 44
血溅玄武门 / 47

6 贞观之治 / 50

唐太宗求治 / 52
任人唯贤，明君之举 / 55
凭"五事"治得天下 / 57
文成公主入藏的故事 / 59

7 上有明君，下有良臣 / 62

最佳拍档，"房谋杜断" / 64
世间少有的君臣关系 / 66
以人为镜，可知得失 / 68
"魏徵"第二 / 70
武将之力胜过修筑长城 / 72

8 一代贤后长孙氏 / 74

嫁妆风波 / 76
巧平唐太宗怒气 / 78

9 中国历史上独一无二的女皇帝 / 80

武媚娘驯马 / 82
即使儿子也没得商量 / 83
请君入瓮 / 85

10 不拘一格用贤才 / 88

几起几落的狄仁杰 / 90
骆宾王"讨"武 / 93
执法如山的徐有功 / 95

11 又见"玄武门之变" / 98
女皇的宠臣 / 100
可怜的唐中宗 / 102

12 开天盛世 / 104
唐玄宗马上得宰相 / 106
姚崇灭蝗 / 108
盛世经济发展有道 / 110

13 唐王朝由盛转衰 / 112
口蜜腹剑第一人——李林甫 / 114
从此君王不早朝 / 117

14 安禄山叛乱 / 120
安禄山其人 / 122
老将哥舒翰泪洒潼关 125
马嵬驿诀别 / 127

15 "安史之乱"后半场 / 130
草人"借"箭 / 132
连麻雀、老鼠也被吃完了 134
李光弼料事如神 / 137

16 藩镇割据 / 140
一语惊醒梦中人 / 142
就是要出奇制胜 / 145

17 欺压主子的奴才 / 148
长安的"五坊小儿"们 / 150
甘露之变 / 152
持续了近四十年的"牛李党争" / 155

18 唐朝结束了 / 158
冲天大将军黄巢 / 160
唐王朝的末日 / 165

19 数风流人物,且看唐朝 168
人类首次观测天象 / 170
"行方智圆"话药王 / 172
"诗仙"李白 / 174
"诗圣"杜甫 / 176

20 唐和周边国家的文化交流 / 178
玄奘西行,决不东归 / 180
立擂十八天无人敢挑战 / 183
鉴真六次东渡 / 187

小试身手 / 189

引言

QINJIN LISHI
ZHONGHUA SHANG XIA WUQIAN NIAN

581—618年，只存在了三十八年的隋朝虽是中国历史上一个短命的王朝，但它结束了东晋南北朝十六国二百七十三年的分裂局面，创建了继秦汉、西晋以后第三次大一统的局面，其历史地位不可忽视。之后建立的唐朝的许多制度都始创于隋朝，从某种意义上说唐是隋的延续，也正因为如此，我们常将隋、唐两朝并称为"隋唐"。

隋文帝杨坚仅仅用了二十四年的时间，便使社会政治、经济和文化出现了繁荣景象。只可惜，随后继位的隋炀帝杨广是一个臭名昭著的暴君。他横征暴敛，贪图享乐，终于激起民怨，自食恶果，隋朝也由此走向了灭亡。

618年，唐高祖李渊建立唐朝，而后由其次子李世民领兵十年完成了统一大业。玄武门之变，李世民即位，是为唐太宗。他创建了唐朝历史上的第一个盛世——"贞观之治"。此后的唐玄宗时期，国强民富，升平之世再次出现，史称"开元盛世"。

以"安史之乱"为转折点，唐朝走向了衰亡。唐朝后期，藩镇割据、宦官专权、朋党争斗，农民起义时有发生。最终，平定黄巢起义的大将朱温取代唐朝，自立为帝，建立了后梁。

隋文帝"开皇之治"

581年,隋国公杨坚发动政变,废北周建隋朝,史称隋文帝,年号开皇。588年,隋文帝以五十万大军伐陈。而此时的江南政权统治者荒淫失政,特别是陈后主陈叔宝生于深宫,根本不知稼穑艰难、百姓愁苦,整天只知道和宠妃沉迷于歌舞诗词。由此,隋军几乎是不战而胜,于次年四月便告捷而归。

隋灭陈而平天下,既有天时地利的客观因素,也与隋文帝杨坚的俭德勤政分不开。"成由俭,败由奢"是隋文帝的座右铭;不遗余力地勤政是隋文帝为君的特色。勤政,使隋文帝成为明君;俭朴,使隋文帝十分爱民。

隋文帝及其大臣身经乱世,深知统一大业来之不易,所以君臣上下皆兢兢业业,以图创建一个流芳百世的鼎盛王朝。这一时期即为史称的"开皇之治"。

1. 爱卿,快给朕出一条灭陈之计吧!朕很焦虑啊!

2. 噢!皇上为什么要灭陈呢?

3. 我主要是为了拯救那里的百姓啊!

4. 其次嘛,这陈后主也着实让人恨。

5. 这个人生活作风有问题,整天惦记的都是些花花草草、金银财宝,让人忍无可忍了!

6. 你说我能不灭陈吗?我不灭陈,行吗?

隋文帝治国有道

作为政治家,隋文帝有着难能可贵的俭朴品德。

隋文帝的内宫可能是历朝皇帝中最为简陋的了。后妃宫女不用美饰,衣服和日常器具都有严格的供应制度,不得僭(jiàn)越及私取半毫;衣服有破损,只能加以补缀。一般士人多用布帛,饰带只用铜铁骨角,不用金玉。隋文帝本人的饮食,也是简单得不能再简单了,除去必要的宴会,每餐最多一小盘肉;还有他的寝宫,使用的都是布幔布帐。

隋文帝躬行节俭,减少用度,于是百姓的负担相应得到了减轻,从而有利于推行他为巩固政权所采取的各项措施。

隋文帝废除北朝弊政,并为此进行了多项重大改革和创新,其中影响最深远的便是开创了三省六部制和科举制。

三省,即内史省(中书省)、门下省、尚书省。内史省为决策机构,尚书省为行政机构,门下省则为审议机构。尚书省下又分设吏部、民部(唐朝时改名为户部)、礼部、兵部、刑部、工部,即所谓的六部。三省六部制使职权分明,有利于各部门各司其职,因此它一直为后世所沿用。

583年,隋朝重修了《开皇律》,对前朝的八十一条死罪，一百零五条流罪，十余条徒、杖等酷刑，以及灭门等罪的法律条文一概废止。对犯人处置采取审慎态度，而不是草菅人命，有效地防止了冤案的发生。隋文帝对律法的改革，减轻了其残酷性和野蛮性，在中国法制史上具有划时代的意义。

针对如何筛选人才的问题，隋文帝废除了贵族垄断性质的九品中正制，专门制定了一套考试制度。这便是最早的科举了：先是选科而考，主要有明经科（考儒家经典）、进士科（考对策和诗赋）、明法科（考律令）和明算科（考数学）；其次，进士及第，即取得做官的资格，需参加吏部的考试；再者，吏部考试及第者授以六品以下的官，否则将被放回待选。

隋朝的科举制开创了我国文官考试制度的新局面，它延绵数代，直到清朝末年才结束。不过，用考试来选拔人才的方法沿用至今，隋文帝的这一创举可谓意义深远。

皇子和百姓只有一个法

隋文帝吸取陈后主亡国的教训，时刻警醒自己，慎重处理政事，尤其注意节俭。只要发现官吏有贪污奢侈的行为，一律严惩，就是皇子也不例外。

三皇子秦王杨俊，因为灭陈的时候立了战功，自以为了不起，根本不把法律放在眼里，生活也越来越奢侈。他甚至指使手下放高利贷，敲诈勒索，致使许多小官吏和老百姓倾家荡产。隋文帝听说以后，特地派人去调查处理，并把他的一些手下抓了起来。

谁料，秦王不但毫无收敛之意，反而越来越胆大妄为。他模仿皇宫建造自己的宫殿，用外国进贡的香料涂抹墙壁，用美玉、黄金装饰台阶，又用镜子镶满宫殿的四壁。他还搜罗各地美女，日夜寻欢作乐。这下可把隋文帝给气坏了！他立即下令罢免了秦王的官职，并将秦王禁闭了起来。

陛下,处罚过重啦！

大将军刘升以为隋文帝不过是一时气愤，于是，等气氛稍有缓和，便前往说情："秦王只是多花了一些钱，把房屋修得稍好了一些，也不算什么大错，陛下是不是处罚得过重了？"

法不可违呀!

"法不可违,不论什么人都得遵守国家的法律。"隋文帝严肃地回应道。

刘升还想求情,谁知,还没等刘升说完,隋文帝便起身拂袖而去。

几天后,大臣杨素也前来劝说隋文帝赦免秦王。隋文帝一口回绝道:"皇子和百姓不是应该只有一个法吗?任何人犯罪,都得依法制裁!"

此时的秦王听说隋文帝连大臣杨素的请求都拒绝了,又担心又害怕,不久便病逝了。他的手下请求替秦王立碑,隋文帝没有同意,说:"要想留名,在史书上记一笔就足够了,何必立碑!"随后,便吩咐人将秦王府中的奢华装饰全部拆除。

后来,隋文帝发现,太子杨勇也喜欢讲排场,过着奢侈的生活,甚为气愤。他特地召见太子,对其进行了严厉的批评:"自古以来,凡是生活奢侈的帝王,没有能持久的。你是太子,要特别注意节俭才是!"

历史微课

杨素(?—606) 字处道,弘农华阴(今属陕西华阴)人,北周、隋朝权臣和军事统帅,隋朝开国元勋。出身北朝贵族世家,北周时历任车骑大将军、司城大夫,与杨坚(隋文帝)交情很深。隋朝建立后,率军攻灭陈朝,被封为越国公。后协助杨广(隋炀帝)登基,改封为楚国公。

听隋文帝讲那箱子里的故事

太子杨勇虽然很早就显露出政治才能,但一向节俭的隋文帝对他仍放心不下,生怕他生活过于奢侈,最终会失去民心,无法驾驭政局。

一天,隋文帝让宫女搬来了一只箱子。他指着箱子问太子:"你知道里面装的是什么吗?"太子只知道这是父亲进宫时唯一携带的旧物,却并不知道里面究竟装着什么。隋文帝见太子一脸疑惑,便吩咐宫女将箱子打开。太子走近一看,原来是一箱旧衣裳。

隋文帝上前展开一件道:"这是我当年在芒山与齐军作战时穿过的战袍,上面的血迹是我大腿受箭伤染的。你二叔就是在这次作战中死的……

"别看这件单衫普通,周宣帝几次召我进宫想杀我,我每次都穿它,总能化险为夷。我视它为吉祥之物……"

隋文帝一边翻着旧装,一边回忆往事:"我常常翻看这些旧衣裳,因为它们能让我想起过去的艰辛岁月,让我懂得大隋的江山得之不易啊!"

隋文帝命宫女抬走旧箱后,又取来了一柄带鞘的短刀:"这是我当年为防身置下的,多亏了它,才让我躲过了宇文氏对我的一次次暗杀。"

虽然太子知道帮助父皇躲过宇文氏刺杀的是忠诚于父皇的李圆通，而非这柄短刀，但当父皇要将短刀赐予自己时，他还是恭恭敬敬地接收了。

"日后见此短刀，就要牢记开创江山不易，而守住江山更难！"隋文帝关照说。一旁的太子连连点头应承。

"撼动大树"的大臣有奖了

隋文帝为了稳固政权，对社会的各个方面进行了一番整顿和革新。其中，尤以律法为重。他专门派人修订刑律，废除了一些残酷的刑罚。这本该是件好事，可问题是，作为一国之君的隋文帝，有时自己也不遵守新律法，往往一生气就下令杀人。管理司法的官员们因此很为难，其中有一个名叫赵绰的就常常顶撞隋文帝。

为了统一货币，隋文帝废除旧钱，新铸标准货币，通行全国，并下令凡不合标准的货币，禁止流通。但是，还是有人偷偷地拿着私藏的次等币去换取新的标准币。一次，在都城大兴（今陕西西安）的大街上，有两个换币的人被抓进了衙门。隋文帝得知此事后，心想，有人竟敢违抗自己的禁令，一气之下，便下令把那两个人统统砍头。

接到命令的司法官员赵绰立即进宫求见隋文帝，说道："这两个人虽然犯了禁令，但按刑律只能打板子，不该处死。"

"这是我下的命令，你只管执行！"隋文帝不耐烦地回复道。

赵绰接话说："陛下不嫌我愚笨，让我当管理司法的官员。如今遇到不依刑律杀人的情况，我怎能不管呢?"

这下可把隋文帝气坏了:"你想撼动大树吗?"

"不敢,也不想,我只是想劝陛下改变主意而已。"赵绰语气平和。

"那你想触犯天子的威严吗?"隋文帝一脸怒容。

赵绰虽然害怕,但依然坚持自己的意见,不肯离去。隋文帝没法,只好让步,撤回了杀人的命令。

赵绰为了依法办事,冒犯隋文帝是常有的事。有时,隋文帝甚至以死相威胁,但赵绰就是不退让。当时,官场上流传着一种迷信说法,说穿红裤子对做官吉利。于是,刑部侍郎辛亶(dǎn)便让妻子也做了一条,穿着上了朝,结果,不但没带来吉利,反而招来了横祸。

隋文帝认为辛亶这是在搞巫蛊,而巫蛊是历代皇帝最不能容忍的事情,所以隋文帝准备将辛亶处以死刑。赵绰则认为,依照律法,辛亶罪不当死。隋文帝见赵绰又抗旨,气得浑身发抖,厉声说道:"你想救辛亶,那你自己的命还要不要了?"

赵绰毫不畏惧,坚持道:"陛下可以杀我,但是不该杀辛亶。"说完,便走下朝堂,脱去官服,准备受刑。

隋文帝其实并不是真想杀赵绰,但赵绰如此当真,实在让他很难收场。于是隋文帝派人前去劝反对迷信!
绝不轻饶!

皇上息怒!

没想到本命年穿了条红裤子,竟惹来杀身之祸!

说。谁知，赵绰却依然态度强硬："臣一心执法，不怕一死！"隋文帝无奈，拂袖起身，进了内阁。

事后，隋文帝冷静下来，细细一想，觉得赵绰言之有理。于是，第二天上朝，便将赵绰夸奖了一番，还赐给他三百匹锦缎。

历史微课

赵绰是一个非常正直的法官，从不利用法官的特权以泄私愤。一次，有个叫来旷的属下，因为对赵绰不满，就诬告赵绰。隋文帝很重视，就命大臣去查验，结果证明纯属诬陷。隋文帝大怒，要把来旷处斩。赵绰并没有对来旷落井下石，反而为来旷力争，认为他罪不至死。来旷最后被革职流放。

2 大功大过的隋炀帝

在中国古代历史中,隋炀帝杨广的一生似乎总与暴君、荒淫等字眼脱不了干系。他残忍好杀,喜怒无常,好大喜功,滥用民力,可谓集封建帝王所有不良品性于一身,以致被公认为中国历史上最坏的皇帝之一。

但是,我们不禁要问:隋炀帝真是一个十恶不赦的昏君,毫无可取之处吗?

假传遗诏,缢杀太子,篡位夺权;调发男丁百万,修筑长城;营建东都洛阳,铺张奢靡……确实,隋炀帝的这些行为足以成为他残暴昏庸的罪证。不过,平心而论,在他执政期间,也有繁荣经济、宣扬国威的时候,比如开通大运河、三征高句(gōu)丽等。

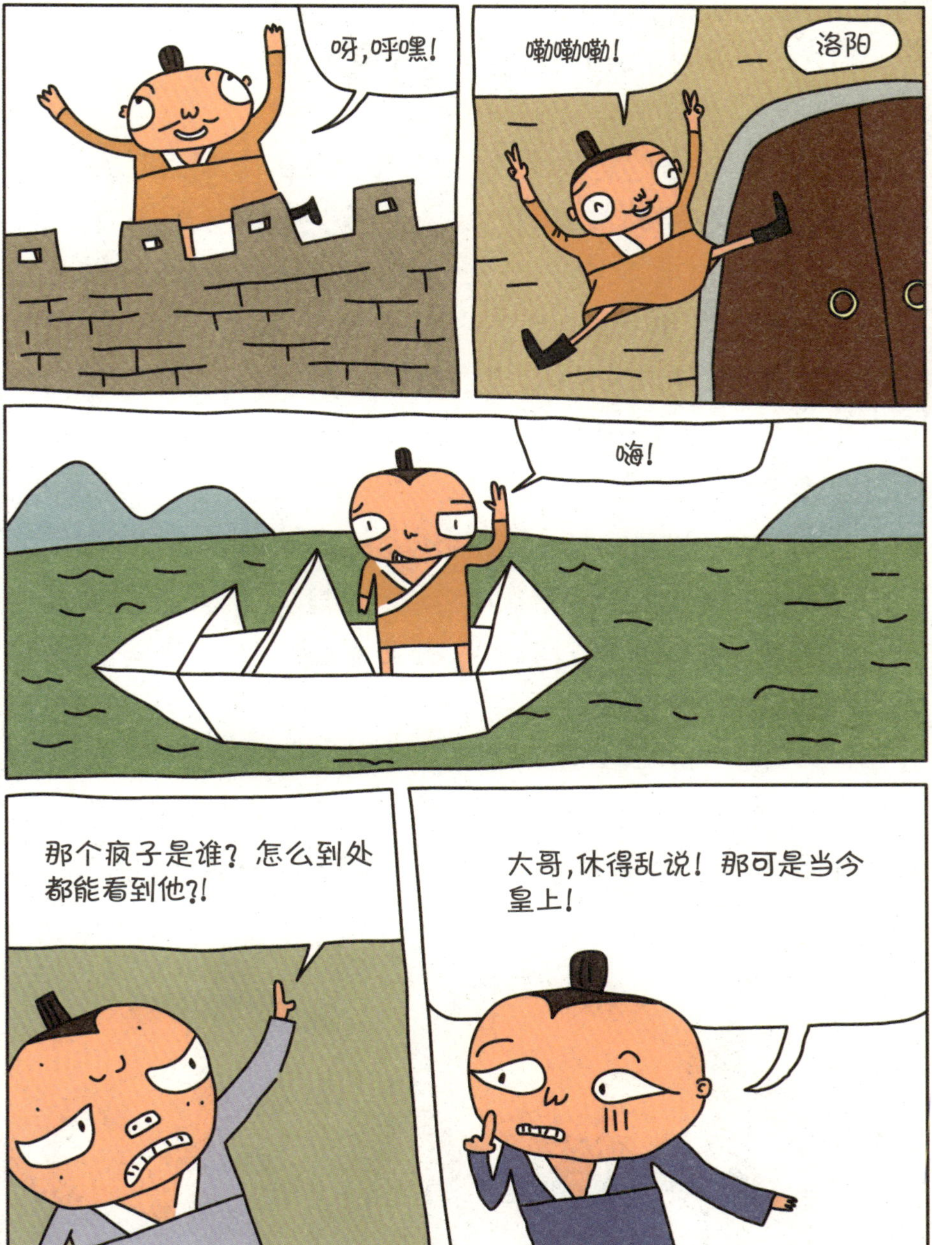
呀，呼嘿！
嘞嘞嘞！
洛阳
嗨！
那个疯子是谁？怎么到处都能看到他?!
大哥，休得乱说！那可是当今皇上！

说不尽的繁华

晋王杨广是隋文帝的次子,他在南下灭陈和抵御北方突厥的战事中立有大功,并笼络了一批人才,一心想要取代兄长杨勇的太子地位。杨勇由于生活奢侈,渐渐失去了隋文帝的欢心。于是,杨广乘机迎合隋文帝的心意,假装提倡节俭、不好声色,骗取了隋文帝的信任。隋文帝果然废太子杨勇,改立杨广为太子。

604年,隋文帝病重卧床,杨广迫不及待地写信给亲信杨素,密谋夺位。不料,此信落入了隋文帝之手。隋文帝看后大怒,决定废黜杨广,重立杨勇为太子。

杨广得知事已泄露,便在杨素的谋划下,刺杀了隋文帝,而后又派人杀了杨勇。就这样,杨广登上了皇位,史称隋炀帝,次年(605)改年号为"大业"。

隋炀帝即位后的第二年,便命宰相杨素和将作大匠(即管理建筑工程的大臣)宇文恺在洛阳营建新的都城——东都。宇文恺是一个高明的建筑工程专家,他迎合隋炀帝追求奢侈的心理,特意将工程规模扩大。

建造宫殿所需的高级木材石料,都是从遥远的大江以南、五岭以北地区运来的,光一根柱子就得上千人拉。为了建造东都,每月役使二百万民工,夜以继日地施工。此外,他们还在洛阳西面增建了一座"西苑",即专供隋炀帝游玩的大花园。花园内人工海、假山、亭台楼阁、奇花异草应有尽有。别出心裁的是,一到树叶凋落的冬天,花园便用彩绫剪成的花叶加以装饰。

就在建造东都的同一年,隋炀帝还下令征发河南、淮北各地百姓,开通了通济渠,疏通了邗(hán)沟。此后五年里,隋炀帝又两次征发民工,开通了永济渠和江南河。最后,将四条运河连接起来,便成了一条贯通南北,全长两千多千米的大运河。

历史微课

突厥 南北朝和隋唐时期,北方草原地区十分重要的游牧民族。公元6世纪中叶建立突厥汗国,隋朝时分裂为东突厥和西突厥两部分,唐朝时东、西突厥被灭,复国后被称为后突厥,唐玄宗时灭亡。

通济渠刚完工，隋炀帝就带着二十万人的庞大队伍畅游江都（治所在今江苏扬州）了。

出发那天，隋炀帝和萧皇后分乘两艘四层高的大龙船，船上各有宫殿和宫室上百间，装饰得金碧辉煌；随后便是宫妃、王公贵族、文武官员乘坐的几千艘彩船；再后面的几千艘大船，装载的则是卫兵以及他们随带的武器和帐幕。这上万艘大船，船头船尾相连，绵延足有一百多千米。

这么庞大的船队，怎么行驶呢？不用担心，这种事情早就有专人安排好了。运河两岸，修筑绿柳成荫的御道；八万余名民工，被征来充当纤夫；陆上骑兵数十万，夹岸护送。河上行驶着光彩夺目的船只，陆上飘扬着五色缤纷的彩旗，水陆呼应，真可谓说不尽的繁华！

为了满足船队大批人员的享受，隋炀帝还令两岸的百姓"献食"（即给他们准备吃的、喝的）。多的时候，别说隋炀帝吃不了，就是宫妃太监、王公大臣一起吃，也吃不完。于是，常有多余的食物被埋于岸边，而那些被迫献食的百姓，却倾家荡产了。

京杭大运河
——中国历史上的大奇迹

京杭大运河,即大运河,现在总长为一千七百余千米,是世界上最长的古代运河。大运河的形成,可以说是几代人共同努力的结果。其中,用力最多、最具规模效应的便是隋炀帝在位期间的隋朝了。

隋朝时期主要开凿了三段运河。

第一段是通济渠,开凿于605年。通济渠以都城洛阳为起点,经淮河,在山阳(今江苏淮安)与邗沟(春秋吴王夫差所开,隋朝重开)相连,直达江都。通济渠连接了淮河和长江,形成了大运河的南段,全长一千一百千米。

通济渠和邗沟一起,将洛阳与扬州连接起来,为隋炀帝下扬州提供了便利。

扬州,所谓的"龙兴之地",即指隋炀帝早年的发迹之地,定名江都。扬州是当年风流的隋炀帝魂牵梦萦的地方,所以这一段也修建得最豪华、最气派。

第二段开凿于三年后,名为永济渠,也以洛阳为起点。它南入黄河,北贯涿郡(今北京及附近一带),全长一千余千米,是运输军需粮饷的交通

要道。

610年，第三段江南河启动，以京口（今江苏镇江）为起点，引长江水经太湖流域，直至余杭（今浙江杭州），入钱塘江，全长四百多千米。江南河应该说是通济渠的延伸，它所流经的太湖流域及末端的杭嘉湖平原是天下最富庶的地方之一。

通济渠、邗沟、永济渠、江南河，构成了大运河，当时全长二千七百多千米。大运河的开通，便利了南北之间的商业流通和文化交流，使长江流域与黄河流域有机地凝结成了一个整体。大运河特别使长江中下游得到了空前的开发，包括商业的开发、手工业的开发和城市的开发。

然而，大运河在获得盛誉的同时，代价却是沉重的。为开凿大运河，隋炀帝强行、无条件地征发了大量的民工，并迫使他们忍受极度悲惨的生活。据史料描述：在不到一年的时间里，三百六十万民工死了二百五十万，白骨堆满了运河的两岸。

历史微课

京杭大运河 世界上里程最长的古代运河，是中国古代劳动人民创造的一项伟大工程。大运河南起杭州，北到北京，途经浙江、江苏、山东、河北四省及天津、北京两市，贯通海河、黄河、淮河、长江、钱塘江五大水系。全长约1747千米。2014年，大运河被列入《世界遗产名录》。

百万大军三征高句丽

在隋朝辉煌的年代里，统治着我国东北大部分地区和朝鲜半岛四分之三领土的高句丽国，因迫于隋朝的强大而屈从，但其内心深处却是极为不服的。当隋炀帝要求高句丽王高元亲自入隋觐见时，高元并未依从。于是，隋炀帝便以此为借口，发动了大规模的征伐高句丽的战争。

在征伐高句丽前，隋炀帝足足花了五年的时间做准备，其中最引人注目的工程有两项：开凿永济渠，为转运军饷做准备；在涿郡筑建临朔宫，作为军事大本营。

612年正月，隋炀帝正式下诏征伐高句丽。出征的大军共有一百十三万多人，被分为左十二军和右十二军，分别从二十四个方向一齐向平壤进发。一路上旌旗招展，鼓角相闻，队伍绵延，长达千里。隋炀帝自信这一仗肯定能打赢。

然而，事实却正好相反。隋军大将军来护儿统率江淮水军，浮海进至离平壤六十里的地方，大破高句丽军。高句丽军因势利导，索性示弱，让出平壤城，而其实是在城内设下了伏兵，结果打得入城的四万隋军精兵几乎全军覆没。

同时，隋炀帝又命将领宇文述和于仲文等率精兵三十万人渡过鸭绿江,进攻平壤。高句丽派了大臣乙支文德前来诈降,声称只要隋军回师,高句丽一定将国王送往长安谢罪。而此时的隋军已疲惫不堪、饥困交迫,想想平壤一时也难以攻破,便同意撤退。于是,高句丽军乘机采用四面包抄的战术,打得隋军狼狈逃亡。隋炀帝第一次征伐高句丽就这样以惨败告终了。

历史微课

杨玄感(?—613) 隋朝大臣杨素的儿子。袭封为楚国公,官至礼部尚书。因隋炀帝猜忌大臣,使得杨玄感内心不安,因此起兵谋反,成为隋末最先起兵反隋炀帝的贵族首领。后兵败自杀。杨玄感起兵,标志着隋朝统治阶级的分裂,严重削弱了隋朝统治势力。

第二年,不服输的隋炀帝再次下令征伐高句丽,并亲自率兵进攻辽东城(今属辽宁)。他运用云梯、地道、撞车、飞楼等手段,四面并进,日夜不停,又把一百多万只装满土的布袋堆起来,与城墙一般高,让士兵登上土袋攻城。

可是,等到一切准备就绪时,突然传来了杨玄感(宰相杨素之子)造反的消息。后院起火,隋炀帝只能选择放弃进攻,回国平息叛乱。于是,第二次征伐高句丽也不了了之。

尽管如此,隋炀帝要让高句丽臣服的决心却始终未变。614年,杨玄感起兵之事被镇压后,隋炀帝又发出了征伐高句丽的诏令。由于连年战争,此时的高句丽国也已是兵疲财困,国王高元不得已,只好奉上投降书。捞到面子的隋炀帝立马接受了高句丽的降书,班师回朝了。

隋炀帝第三次征伐高句丽,终于取得了"胜利"。不过,可笑的是,"投降"了的高元却依然拒绝隋炀帝的召见。恼羞成怒的隋炀帝还想组织第四次征伐高句丽,但国内此起彼伏的动乱已无法让他实现出征的愿望了。

征伐高句丽,是隋朝最大规模的对外战争。虽然它在一定程度上宣扬了国威,但是,连年的战乱耗尽了隋朝的元气,隋炀帝也由此失去了民心。

3 隋末农民大起义

苛虐的暴政激起了人民的反抗,起义在隋末已是风起云涌。其实,早在隋炀帝登基后的第六年(610),就已经有人"闹事"了。

那是正月的一个黎明,洛阳建国门外来了几十个和尚打扮的人。守门卫士因为信佛,便恭敬相迎。不料,那群"和尚"突然抢夺卫兵手里的兵器,想要冲入城内。幸好碰上隋炀帝次子齐王巡逻至此,才平息了这场暴乱。

此后,各地的暴乱便渐渐多了起来。不过,它们都只是小规模、小范围的,还不成气候。真正的起义始于611年,即隋炀帝征伐高句丽的前夕,由山东人王薄发动。三年后,起义从山东蔓延到了广东、河北等地。

617年,各地分散的起义军为了推翻隋朝,开始汇集成声势浩大的起义军。其中,最具规模的农民起义军有三支:翟让、李密领导的河南瓦岗军,窦建德领导的河北军,以及杜伏威、辅公祏(shí)领导的江淮起义军。

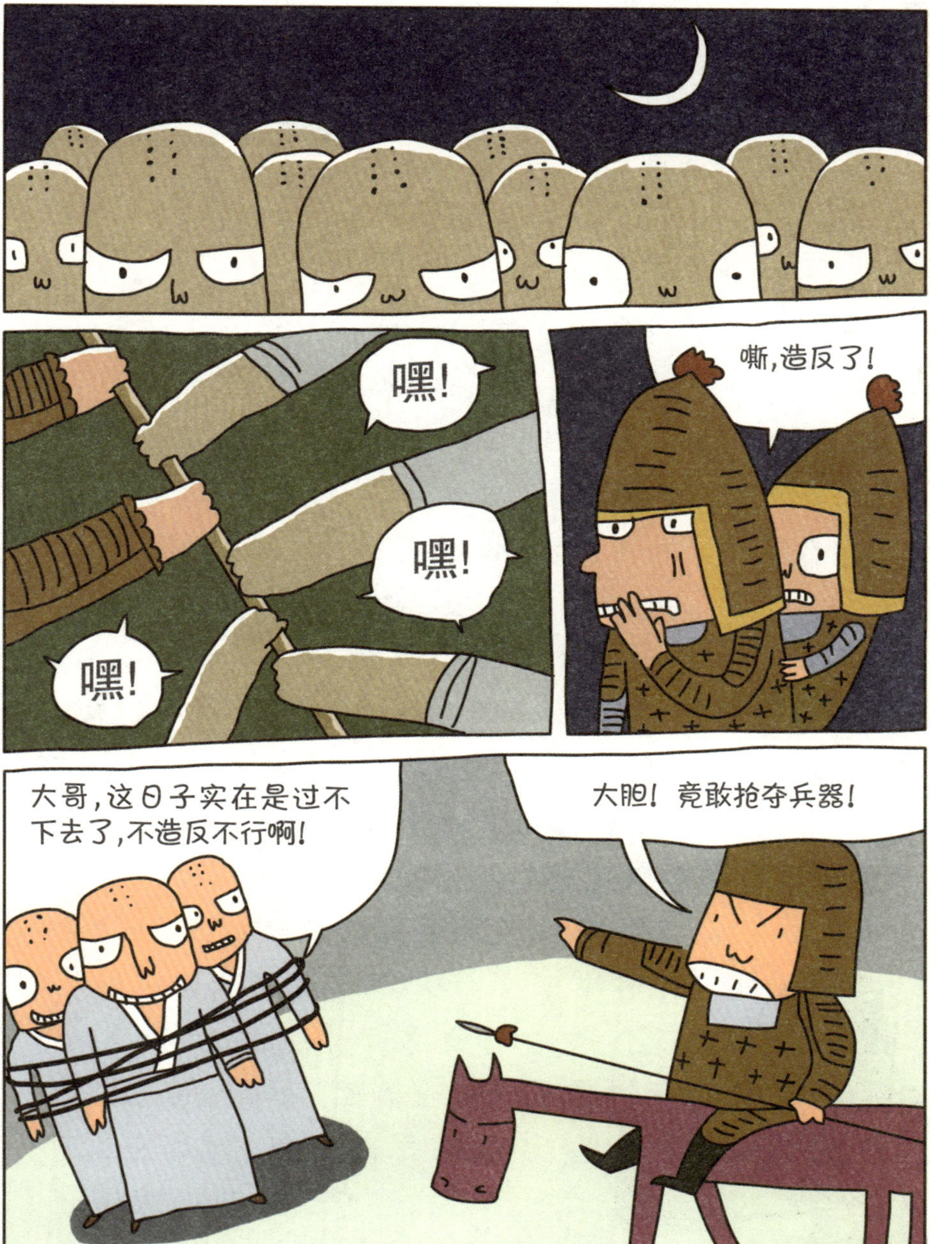
嘿!
嘿!
嘿!
嘶,造反了!
大哥,这日子实在是过不下去了,不造反不行啊!
大胆!竟敢抢夺兵器!

翟让、李密瓦岗军威震中原

瓦岗寨最初的首领叫翟让。他原本是一个小吏,因为得罪了上司,被判了死罪,打入监牢。一个好心的狱吏偷偷砸了镣铐,打开牢门,将他放了。

翟让逃到了瓦岗寨(今河南滑县东南),在这里,他招集农民,组织了一支起义队伍。当地青年闻此消息,纷纷前来投奔,队伍很快便发展到了一万多人。不过,最终促使瓦岗寨发展壮大,成为反隋义军盟主的人物不是翟让,而是一个叫李密的人。

李密,字玄邃,京兆长安(今陕西西安)人。李密曾做过隋炀帝的侍卫,后来因病在家专心读书。一个偶然的机会,李密与隋朝重臣杨素相遇,得到杨素赏识,并与其子杨玄感成了刎颈之交。

613年,杨玄感趁隋炀帝第二次远征高句丽之际,在后方黎阳突然竖起了反旗。李密特地从长安赶来相助,为杨玄感谋划了许多计策,可惜大多未被采纳。杨玄感有勇无谋,最终兵败被杀。李密逃脱了追捕,想另找机会反隋,却并非易事。四处流浪逃亡的李密最终来到了瓦岗寨的地盘。李密投奔瓦岗寨后,主要是帮

给你妙计!

助寨主翟让整顿人马。那时,各地还有一些小股的农民起义军。李密到各处去联络,说服他们联合起来,听从翟让指挥。翟让因此十分高兴,跟李密也就渐渐亲近起来。

一天,李密对翟让说:"刘邦、项羽本来也是普通百姓,却最终推翻了秦朝。现在的皇上昏庸暴虐,百姓怨声载道,官军大部分又远在辽东;您兵强马壮,要想拿下东都和长安,打倒暴君,还不是轻而易举的事情!"

翟让听后,茅塞顿开,不禁感叹:"你的意见太好了!我怎么就没有想到呢?"

616年十月,瓦岗寨义军直入荥(xíng)阳。荥阳太守向隋炀帝告急,隋炀帝立即派大将张须陀带军前来镇压。

张须陀是镇压农民军的老手,翟让就曾经在他手里吃过败仗。这次听说又是张须陀来,翟让不免有点害怕。李密见状,忙打气说:"张须陀有勇无谋,还自以为强大,骄傲轻敌。我们只要利用他的弱点,一定能打败他。"

李密请翟让摆开阵势,正面迎击敌人;

他自己则带着一千人马埋伏在荥阳大海寺北面的密林里。

张须陀认定翟让不是他的对手,莽莽撞撞地指挥人马杀了过来。翟让抵挡了一阵,假装败退。张须陀紧追其后,不久便进入了李密布置的埋伏圈。

只听李密一声令下,埋伏在旁的瓦岗军将士一齐杀出,把张须陀的人马团团围住。此时的张须陀再怎么勇猛,也无法突围了,最终,兵败被杀。

经过这场战斗,李密在瓦岗军的威信逐渐提高。李密不但号令严明,而且生活朴素,凡是从敌人那里缴获来的钱财,他都会分给义军将士。日子久了,将士们也就渐渐向着他了。

第二年春天,李密又劝说翟让,趁隋炀帝在江都巡游,东都空虚之机,进攻东都。不料,瓦岗军派去东都刺探军情的人被隋朝官员发觉了,于是,东都便加强了防御。李密得知后,立马改变计划,提议先打东都附近的兴洛仓(也称洛口仓,在今河南巩义)。兴洛仓是隋王朝最大的粮仓。仓城周围共十多千米,城里挖了三千个大窖,每个窖里贮藏着八千石粮食。这可是隋王朝多年来从各地农民身上搜刮来的血汗啊!

翟让、李密二人率领七千名精兵顺利地攻破兴洛仓后,立刻发布命令,开仓分粮。将士们打开一个个粮窖,让老百姓尽情地拿。忍饥挨饿的农民从四面八方纷纷涌向粮仓，感激之情，无以言表。农民们因此纷纷参军，瓦岗军势力日益壮大。

兴洛仓被攻克，切断了洛阳隋军的重要粮源，大大震动了隋政府。隋政府命刘长恭率领步、骑两万人自洛阳东进，但起义军又设计打败了他们。至此，瓦岗军的指挥权渐渐集中在了李密手中。翟让自觉才能不如李密，便主动将首领之位让了出来。

李密成为瓦岗军首领后，迅速建起各种军事和行政制度，还发布了讨伐隋炀帝的檄文，列举他的十大罪状，指出：炀帝之罪罄南山之竹，书罪无穷；决东海之波，流恶难尽。

然而，正当瓦岗军发展顺利的时候，内部却发生了严重的分裂。翟让让出首领位子后，其手下有劝他夺回权力的，翟让对此一笑了之。可是，听到这些话的李密就不高兴了。李密为了保住自己的地位，终于起了杀心。

一天，李密请翟让喝酒。宴会期间，他故意将翟让的兵士支开，并假意拿出一把好弓，请翟让试射。翟让则毫无戒心，转过身去，准备拉弓。李密趁机让布置好的刀斧手动了手，翟让就这样被砍倒了。

从此，瓦岗军开始走下坡路……

窦建德起义军转战河北

窦建德虽是清河漳南（治所在今河北故城东北）的一位普通农民，却凭其一身豪气和轻财好施的人品在乡里赢得了极高的威信。

清河有很多强盗，他们杀人放火，打家劫舍，到处滋事。但令官府费解的是，他们从不侵犯窦建德的住处。于是，官府便武断地认为窦建德一定和强盗有某种关系，在抓不到窦建德的情况下，残忍地将其所有家属处死了。

窦建德终于被激怒，带领二百人，投奔了高鸡泊起义军首领高士达。

高士达自称东海公，是一个心胸豁达之人。在隋军前来征伐之际，自知军事智谋不及窦建德的高士达，将军事大权全部交给了窦建德。窦建德果然出手不凡，诈降、偷袭双管齐下，最终大破隋军。

继而，隋军又派杨义臣前来征剿。高士达不听窦建德的劝阻，仓促率军迎战，结果战死。留守的窦建德寡不敌众，只得冒险突围；突围成功后，乘机攻下饶阳，并在那里重整旗鼓。

杨义臣班师回朝后，窦建德遂率军返回故地，召集高士达留下的残部，重整旗鼓。窦建德的过人之处还在于，他懂得如何善用隋官——只要不是罪大恶极者，他都酌情加以录用。这使得一些不愿为隋朝陪葬的官员及士人，纷纷前来投奔窦建德。由此，窦建德的实力迅速壮大。

618年十一月，窦建德定都于乐寿（今河北献县），国号夏，自称夏王。

夏王窦建德虚心纳谏，使夏政权出现了开明气象，其势力更是与日俱增。然而，一番成就过后，窦建德却变得刚愎自用，性情多疑起来，以致犯下了两个不可挽回的错误：一是杀了勇将王伏宝，致使出兵征战多有失利；二是杀了善于进谏的良臣宋正本，致使朝中无人再敢直言相谏。

夏国大势由此衰败。

历史微课

王伏宝、宋正本 王伏宝是窦建德手下大将，随窦建德征战多年，勇冠三军，功绩在诸将之上，结果遭到诸将忌妒，被诬陷谋反，后被杀死。宋正本博学有才气，向窦建德献平定河北的策略，窦建德尊其为谋主（军师）。宋正本好直谏，窦建德却听信谗言，将其杀死。

杜伏威、辅公祏起义军纵横江淮

杜伏威,齐州章丘(今属山东)人,少时游手好闲,是典型的无业流民。乡人大多瞧不起他,可同郡临济(今属山东)人辅公祏,却因其过人的胆识而十分赏识他,两人遂结为刎颈之交,后又一同起义,杜伏威被推为首领。

613年,王薄领导的长白山起义军已发展到相当的规模。杜伏威率众前往投靠,却遭到了冷遇。气愤之下,他选择出走淮南,自成一派。

隋末乱世为杜伏威的起义提供了难得的机遇。杜伏威凭借自己出众的才干,不断扩张自己的势力,惊动了隋炀帝。隋炀帝派大将前来讨伐,却遭到杜伏威的猛烈反击,隋军全军覆灭。

杜伏威还训练了一支五千人的敢死队,号为"上幕",享受优异待遇,专打难仗、硬仗、大仗。每次打仗回来,杜伏威会对每个人进行一次例行检查:如果背后中箭,就被定为逃跑者,格杀勿论。所获的战利品,则全都赏给将士们。正因为如此,他的部队勇往直前,所向无敌。

杜伏威的另一项

大举措是将治所移到了丹阳（今属江苏），以表示自己是南方真正的统治者。不过，出身草莽的杜伏威深知自己缺乏进一步的号召力，便开始寻找正统的政治背景。最终，他在长安臣服了李渊。

从此，辅公祏成了丹阳的当家人。虽说杜、辅二人交情很深，但在大场面上，年长的辅公祏难免会倚老卖老，这让杜伏威心里极为不满。于是，杜伏威采取了表面尊重、实际架空的权术。

辅公祏也非等闲之辈。他虽心有不快，但表面上装得毫无怨言，而且跟着道人左游仙假意作起了逍遥状。待时机成熟，在左游仙的策划下，辅公祏设计夺取兵权，并伪造杜伏威的命令，树起了反旗。

杜伏威最终"暴卒"于长安。辅公祏索性一不做，二不休，在丹阳自称为帝，建立了宋政权。不过，在强势的唐军面前，他还是过于弱小了。

历史微课

仆射 中国古代官名，仆是主管的意思。古代重武，主射者掌事，因此诸官之长称仆射。仆射起先是个常用的官号，后来发展为只有尚书省有仆射，汉朝末年分置左、右仆射，隋朝时仆射相当于宰相。此后，仆射权力或大或小，称号也多次改变，直到南宋改名为左、右丞相，仆射最终退出历史舞台。

4. 李唐王朝统一中国

　　李渊本是隋王朝的贵族,靠继承祖上的爵位,做了唐国公,尔后又当上了太原留守。

　　当李渊意识到隋朝这艘大船已是百孔千疮、无可挽救之时,他便开始广结天下志士豪杰,逐步建立起自己的势力集团,为日后夺取天下做准备。

　　李渊集团从太原起兵,直至夺取长安,成了天下群雄中极为强悍的一支军事力量。为寻求保护,李渊先拥立了一个傀儡皇帝,直至隋炀帝在江都被杀,李唐王朝才正式宣告成立,李渊史称唐高祖。

　　然而,时值乱世,称王称帝者大有人在,如李密的魏、窦建德的夏、辅公祏的宋……开了国的唐朝,充其量也只能算是其中的一路诸侯而已。

　　群雄角逐,鹿死谁手?李渊集团对此也没有十足的把握。起初的李唐王朝也只能远交近攻,逐步蚕食,直至积聚了七年的气势后,才有了基本统一中国的力量。

你本是隋朝的臣民,不思为国家出力,却想着另立门户,实属大逆不道!

哼!这艘破船已经百孔千疮了,我不想沉入水中,才想另造一艘啊!

真是像你说的这样吗?

是啊是啊,社会总是要进步的嘛。

为了造船,我整整做了七年准备啊!

如此看来,你也是个人物哦!

李渊太原起兵

李渊是隋文帝杨坚的外甥，隋炀帝杨广的表哥，因此他袭爵唐国公，备受信任。杨玄感起兵反隋时，隋炀帝便派李渊前往讨伐，李渊的势力也由此逐渐扩大。

隋炀帝是一个猜忌心很重的人，一旦某个大臣权力过大，他就会借故诛杀，即使是亲戚也不例外。李渊为此曾一度假装沉溺于酒色，以表示自己毫无政治野心。不过，隋炀帝也是个聪明人，他虽然没有动手除掉李渊，却将李渊调离了京城。就这样，617年初，李渊做了太原留守。

其实，李渊早有反隋之心，只是觉得时机尚未成熟，所以先安于太原留守之位。不过，其子李世民可没有那么好的耐心，他多次劝说父亲起兵造反，李渊却始终有所顾虑。

说来也巧，正在这个时候，太原北面的突厥可汗进攻马邑。李渊派兵抵抗，却接连打了败仗，隋炀帝要召他回江都治罪。李渊思前想后，终于决定接受儿子李世民的劝说，起兵反隋。李渊先派人前往突厥送礼讲和。突厥可汗觉得有利可图，不但接受和解，还答应帮助李渊一起反隋。

李渊见突厥已被稳住，便正式起兵反隋。他自称大将军，封儿子李建成和李世民为左右领军大都督，封刘文静为司马，并将士兵称为"义士"。他们率三万人马离开太原，进军长安。一路上又继续招兵买马，并借鉴农民起义军的做法，开仓放粮给贫民。于是，应募的百姓越来越多。

李渊率军攻陷霍邑（今山西霍州），渡过黄河，最后集中了二十多万大军攻打长安。守在长安的隋军想要抵抗，却为时已晚。

617年十一月，李渊攻下长安以后，为安抚民心，暂时将隋炀帝的孙子杨侑（yòu）立为皇帝。第二年夏天，隋炀帝在江都被宇文化及杀死后，李渊便将杨侑废去，自己登上了皇位，改国号为唐，李渊就是唐高祖。

历史微课

宇文化及（?—619）隋代郡武川（今内蒙古武川西东土城）人，隋朝右卫大将军宇文述之子。隋炀帝时，任右屯卫将军。杨广为晋王时，宇文述曾参与策划拥立杨广为太子。宇文化及为人凶残阴险，依仗父亲的权势，胡作非为，不遵法度。618年发动兵变，弑杀隋炀帝，立秦王杨浩，自为丞相，后率军北上，被李密击败，退走魏县（今河北南部）。后毒杀杨浩，自立为帝，国号"许"。第二年，被窦建德擒杀。

洛阳不破，决不回师

唐朝建立伊始，国门之外，依然是豪强的势力范围，李渊的号令难以执行。其中，中原地区王世充领导的武装力量威胁最大。

王世充是隋朝的一名大臣。隋炀帝死后，东都洛阳便落入了隋炀帝的孙子杨侗和大臣王世充手里。618年，王世充将杨侗立为皇帝，继续打着隋朝的旗号，对抗李密的起义军。

李密虽多次打败隋军，但后来因为骄傲自满，和将领们互相猜忌，力量由此削弱。王世充正是看准了李密的弱点，才一举打垮了他的大军。

王世充赶跑李密以后，自认为力量已足够强大，便将杨侗废去，于619年四月在河南洛阳自立为帝，改国号为郑。

此时，唐军已经削平西北关中的豪强割据势力，稳定了后方。620年，唐高祖派李世民统率大军进攻东都洛阳。李世民亲率大军浩浩荡荡开至洛阳城下，王世充则在城西北的青城宫布阵，与唐军隔水对峙。

起初，王世充想讲和，便隔岸对李世民传话道："隋已灭亡，你们在关中称帝，我在河南做皇帝，两者并不冲突。你们为什么要发兵东侵呢？我们讲和,如何?"

"不能讲和!我可是奉诏取洛阳。"李世民语气坚决。

后来,王世充兵败退入洛阳,李世民四面强攻,日夜不停。然而,洛阳城的防守实在严密,五十斤的石炮、射程五百步的弩箭不断地袭击着城外的唐军。十几天过去了,洛阳没能攻下,唐军倒是伤亡惨重。于是,部分唐军将士开始感到疲惫不堪,有人建议暂时停止进攻,回长安休整后再打。

李世民却满怀信心地说:"如今,中原各地大都投降了,洛阳已成一座孤城,攻下它是迟早的事,怎么可以中途放弃呢?"紧接着,他传令道:"洛阳不破,决不回师!"

洛阳被围,城内粮食奇缺,连树皮、草根都被老百姓吃完了。路上到处可见饿死的人,全城三万多户人家只剩下了三千多家。洛阳已是岌岌可危!

走投无路的王世充只好向窦建德求救。窦建德的谋士刘彬向窦建德进言:"如果郑亡了,那我们夏也会被吞并。我们不如现在出兵援郑,里应外合攻破唐军,然后借机灭郑,再趁唐军元气未复之时,夺取天下。"窦建德听了谋士的话,连连称好。于是,他发兵十万,水陆并进,援救东都洛阳。

唐军面临新的战局。有人被夏军的强势吓坏了,主张暂时撤离洛阳。有人则认为王世充只是缺粮食,他的兵力还是很强的,如果让窦建德的大军和王世充的兵力会合,用河北的粮食接济东都洛阳,唐军就没有胜利的希望了。所以,一定要把南下的窦建德大军堵住。

> 我是秦王李世民!

李世民接受了后者的意见,把一部分兵力留在东都洛阳继续围攻王世充,自己则率领三千精兵北上,扼守武牢关。

到武牢关不久,李世民又率五百精骑向东走了二十里,一路三次布下伏兵。然后,自己和大将尉迟恭只带了四名骑兵,抄小路直奔夏军营地。

在离夏军营地三里之外,唐军遇到了夏军的巡逻队。"我是秦王李世民!"李世民叫罢,一箭射向敌军将领。敌将当场落马身亡。

窦建德闻讯后,立即率军追赶。李世民假装寡不敌众,向设有埋伏圈的地方逃跑。自视强大的窦建德自然只有上当的份了。进了埋伏圈的夏军被打得丢盔弃甲,落荒而逃。

双方对峙一个多月后,李世民突然获悉,窦建德将趁唐军粮食用尽之时,择机袭击武牢关。于是,他将计就计,故意把一千多匹马留在黄河边,迷惑夏军,自己则亲率兵力渡河,察看敌情。

次日,窦建德果然全军出战,大摆阵势,由北及南绵延二十多里。可惜,直到中午也没见唐军出来交战,兵士们又累又饿,纷纷瘫坐在了地上,有的甚至还到河滩边争着舀水喝。李世民见时机已到,便命令将士们直冲夏军大营。

窦建德仓促应战,最后受伤落马,被唐军俘虏。王世充眼看大势已去,也只好投降。

窦建德被送到长安,不久就被杀害了。他的部将刘黑闼(tà)率领河北夏军,再次起义。于是,唐军又花了三年时间,才把河北地区稳定下来。

5 李唐王室内讧

唐王朝的局势稳定以后，唐高祖李渊开始全面整顿内治。然而，就在同一时间，唐朝皇室内部的矛盾却也尖锐了起来。

李建成是李渊的长子，被立为太子，次子李世民为秦王，四子李元吉为齐王。三人当中，要数李世民的功劳最大。李建成自知战功不如二弟李世民，能被立为太子，只因是唐高祖的大儿子罢了。更何况，李世民不但有勇有谋，而且身边还有一批有才干的文臣武将协助，势力自然在太子之上。

李建成心里妒忌，便找齐王李元吉结派。没想到，这正合了李元吉之意。李元吉也正有意依附大哥李建成对付二哥李世民。于是，为了争夺权力，有着亲密手足之情的兄弟三人却闹成了两派，而且闹得不可开交。最终，酿成了一场骨肉相残的悲剧，这就是历史上著名的"玄武门之变"。

我是长子，理应成为太子。
1
我功劳大，能力强，太子还是我来当！
2
3
我虽小，可是我也是人，你们要的我也要。
4
唉，儿子太要强也让人苦恼啊！

兄弟暗斗，矛盾激化

为了储位之争，李氏三兄弟分立为两个派系，李建成和李元吉一派，李世民一派，他们之间开始了明争暗斗。

有一次，李建成、李世民、李元吉三兄弟随唐高祖外出打猎。太子李建成故意将一匹很难驯服的烈马让给了秦王李世民。

果然，李世民刚跨上马背，还没等他坐稳，就被掀了下来。他不禁愤然说道："太子想杀我？不过生死有命，我可是毫发无损！"

李建成得知后，便让人传话给唐高祖，说：秦王说他有天命，将来会做天下之主，不会白白死掉。唐高祖听后，自然非常生气。他立即召来李世民，狠狠地训斥了一番："天下岂是你耍点小聪明就能得到的？你想做天子？也未免太急迫了吧？"

从此，唐高祖对李世民的态度变得越来越冷漠。不过，太子和齐王并不满足于此。

一天晚上，李建成和李元吉邀请李世民去东宫赴宴。席间，李建成和李元吉频频劝酒，李世民一高兴，就多喝了几盅。忽然，他感到肚子隐隐作痛，随后便晕乎乎地倒在了地上。

在淮安王李神通的搀扶下，李世民踉踉

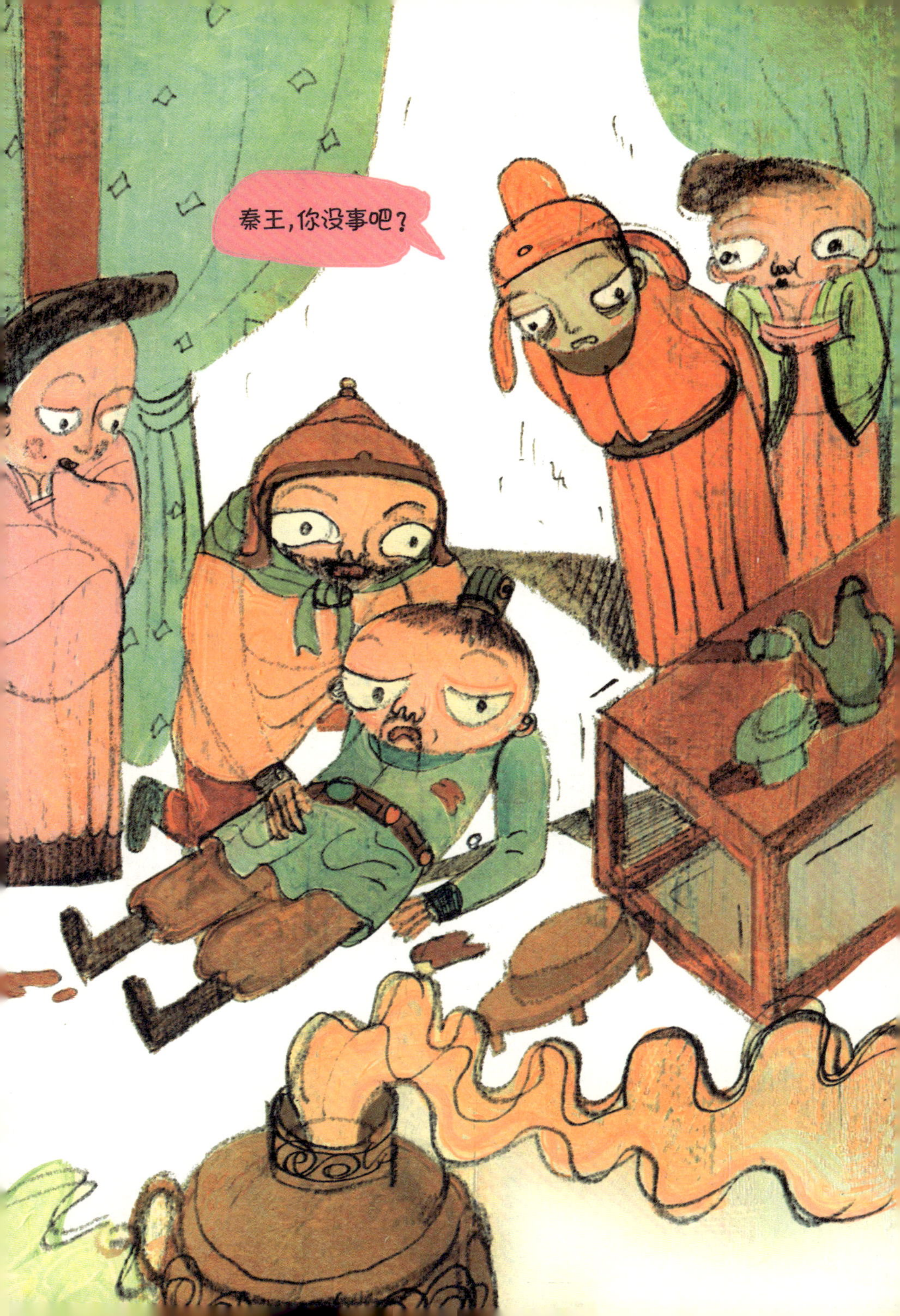
秦王，你没事吧？

踉踉地回到了秦王府。不料，才一进门，李世民便开始大口吐血。李世民心里明白，这一定是太子在酒里下了毒。他赶紧请医服药，总算保住了性命。

李建成一计不成，又生一计。他私下派人送了一封信给秦王手下的勇将尉(yù)迟恭，表示想要和他交朋友，还给他送去了一车金银。不过，尉迟恭婉言谢绝："秦王对我有恩，我不能对秦王无义。更何况，我若是个贪利忘义的小人，对太子而言，又有何用呢？"

太子李建成被尉迟恭拒绝，气得要命。当天夜里，李元吉便派刺客去刺杀尉迟恭。谁知，尉迟恭早有防备，他故意把所有的门窗都打开，自己则随意地躺在床上。刺客几次溜进院子，都没敢动手。

历史微课

尉迟恭(585—658) 字敬德，朔州善阳(今山西朔州)人。唐初大将。隋末从军，骁勇善战，为刘武周的手下。归唐后，跟随李世民击败王世充军。玄武门之变时，助李世民夺取帝位。后被封为鄂国公。传说其面如黑炭，在中国传统文化中，尉迟恭与秦叔宝是"门神"的原型。

血溅玄武门

626年，突厥进犯中原，太子李建成趁机向唐高祖建议，让齐王李元吉代替秦王李世民出战。齐王李元吉又奏请调秦王府的尉迟恭、秦叔宝、程咬金三员大将随同出征。其实，这是太子和齐王的又一次密谋：等秦王府的这些将士被调离以后，他们就下手杀害李世民。

李世民获知这一秘密后，深感形势紧急，连忙召来长孙无忌、尉迟恭等亲信共商对策。大家都劝秦王先发制人，但李世民依然很犹豫："兄弟相残，总不是件好事。"

"快大祸临头了，秦王还顾忌这个！再这样下去，我还是上山当土匪算了，总不能等着太子来砍我的头吧！"尉迟恭实在忍不了了。

就连一向镇定的长孙无忌也急了："秦王如果再不动手，我也只能跟着尉迟恭走了！"

李世民左思右想，还是觉得风险太大，如果此计不成，定遭杀身之祸！他令人取来龟壳，准备占上一卦，以测吉凶。

正在这时，幕僚张公谨从外面急奔而来，见此情景，大声说道："事到如今，不能再犹豫了，还有什么必要占卜！"说完，他夺过龟壳，掷在地上。

李世民见手下个个那么坚决，终于下了决心。当天夜里，他便进宫告密状，把太子和齐王谋害他的经过向唐高祖说了一遍。唐高祖得知后，十分吃惊，决定亲自查问此事。于是，他下令让太子和齐王务必于次日上朝。

626年六月四日早晨，天还没亮，李世民便率长孙无忌和尉迟恭等九人埋伏在皇宫北面的玄武门内，等太子和齐王进宫。

大约日上三竿之时，李建成和李元吉终于出现了。他们骑着马，朝玄武门过来了。不过，到了玄武门边，他们还是感觉到了异样的气氛，心里犯了疑。正当两人拨转马头，准备离去的时候，李世民突然从玄武门里骑着马赶了出来，一边还高喊着："殿下，请留步！"

李元吉转身连射三箭，都没能射中李世民。倒是李世民回射一箭，把李建成射死了。紧接着，尉迟恭带领七十名骑兵冲了出来，他一箭便把李元吉也射下了马。

东宫和齐王府两千精兵闻讯而至，猛攻秦王府

历史微课

长孙无忌(？—659)字辅机，河南洛阳人。唐初大臣，唐太宗皇后长孙氏的哥哥。长孙无忌和李世民是布衣之交，追随李世民东征西讨，是李世民的心腹谋臣。他参与策划玄武门之变，协助李世民夺取帝位。唐太宗即位后，他就被定为功臣。任尚书右仆射，被封为赵国公。唐太宗去世后，他又辅佐唐高宗，后被诬陷，被迫自缢而死。

的士兵。李世民一面指挥将士抵抗,一面派尉迟恭进宫向唐高祖报告情况。

只见尉迟恭手拿长矛,气喘吁吁地冲进宫去,对唐高祖报告说:"太子和齐王发动了叛乱,秦王已经把他们杀了。怕惊动陛下,秦王特派我来护驾。"唐高祖这才知道外面出了事,惊得目瞪口呆。

既然木已成舟,唐高祖也只好默认了。他写下手谕,命令各府将士一律归秦王指挥。两个月后,唐高祖成了太上皇,李世民即位,是为唐太宗。

> 陛下,太子和齐王发动叛乱,秦王已把他们杀了!

6 贞观之治

经过了隋末至唐初的社会动乱，人口骤减，经济凋敝，百姓不得安宁，国家还没有稳固。因此，对新政权来说，首先是要有一个安定的局面。于是，唐太宗李世民在魏徵的建议下，确定了"偃武修文"的基本国策。

同时，唐太宗十分重视农业的发展。他重新制定均田制，尽可能使人人有其田；鼓励农民开垦荒地，推行减轻农民负担的租庸调法，以提高农民的生产积极性；还大力兴修水利，改进农业生产条件，促进人口繁衍，增加劳动力。

唐太宗以隋亡为鉴，善用贤臣，广开言路，让那些有真才实学、耿直敢谏的人，尽心尽力为国做事。

唐太宗在民族关系的处理上同样精彩。文成公主与松赞干布的和亲故事，便是他追求民族和睦的一大杰作。

唐太宗的年号是贞观，在位二十三年，他励精图治，使政治清明，社会安定，经济复苏，文化繁荣，国势强盛，开创了自汉代以来从未有过的"大治"局面，由此被誉为"贞观之治"。贞观之治是唐朝的第一个盛世。

臣民是国家的基础!

耶!

万事、万事、万万事如意!

粮食是人民生活的基础!

丰衣足食耶!

社会安定哦!

唐太宗求治

贞观初年,国家初定,面对内忧外患的动荡局面,唐太宗问身边的大臣:"帝王之业,是草创艰难,还是守成艰难?"

宰相房玄龄回答说:"天下动乱,群雄并起,竞相争夺。败者归顺投降,胜者夺魁称王。胜王败寇,只在一线之间,自然是草创更难。"

"帝王兴起的时候,必定承接于衰败的世道,这时推翻黑暗的统治,一定会得到百姓支持,四海归顺,草创何难!然而,等到取得天下,君主一旦志得意满而骄横纵逸起来,百姓就会受苦。国家衰亡常由此而起,可见还是守成更难。"魏徵提出了相反的意见。

陛下,您要以仁政治天下!

听罢大臣们的议论,唐太宗说道:"玄龄早年跟我打天下,历尽艰苦,出生入死,自然知道草创的艰难。魏徵帮我治理天下,担心我出现骄逸的情绪,以致国家陷入危亡的境地,所以深知守成的艰难。如今，草创之难已经过去，守成之难当与各位大臣谨慎对待。"

> 我记住了！

接着，唐太宗又叹道："经过了这么长时间的动乱，恐怕百姓很难被教化。"

魏徵则有自己的想法："应该是久安于生活的百姓更难被教化才是。经历动乱的百姓，常愁苦于生活；愁苦者容易被教化，就像饿的人容易接受食物一样。"

唐太宗觉得有理，便接着问道："大乱之后的国家，如何才能立即得到治理呢？"

"上下齐心，四方合力，一年便可见效。"魏徵答道。

唐太宗听了，面露笑意，频频点头称是。

然而，也有大臣表示不服："以前人为鉴，夏商周以后，人心日坏，秦朝便动用刑律以治天下，汉朝更是王道、霸道兼用。可尽管如此，也还是没见有良好的社会风气。魏徵不过是一介书生，并不了解当前形势，若仅凭他一家之言，国事必将被耽误。"

"可我们也应该看到，黄帝大战蚩尤七十年后，天下很快便稳定了下来；夏桀残暴，商汤灭夏，商汤一代由此保得太平；商纣无道，周武王讨伐，到成王时也实现了大治。若说人心日坏，那现在的人岂不都成了鬼怪，何以还能施行教化呢？"魏徵旁征博引，字字在理，驳得对方哑口无言。

魏徵接着又说道："当年汉武帝贪功好利，一心只想威震四海，国家连年征战，弄得民不聊生，汉朝自此衰落。类似的还有隋炀帝，也是征战不断，徭役连年，最后落得身亡国破。由此可见，只有仁义之道，方能安定边疆。所以，我们当今的治国之道应为偃武修文，以仁政治理天下。"

唐太宗最终听取了魏徵的意见，施行"偃武修文"之道，朝野上下果然出现了大好局面。

历史微课

房玄龄（579—648）字乔（一说名乔，字玄龄），齐州临淄（今山东省淄博市临淄区北）人。唐初大臣。隋末大乱，唐兵入关，归李世民，协助李世民筹谋统一，取得帝位。贞观元年（627）为中书令。后任尚书左仆射，监修国史。长期辅政，与杜如晦、魏徵等同为唐太宗的重要助手，后被封为梁国公。曾奉诏与长孙无忌等修订律法，为贞观律的主要制定者。

任人唯贤，明君之举

唐太宗是世人公认的一代明君，他独特的治国风格被广为传颂。其中，最引人关注的是"任人唯贤"之举。唐太宗认为，每一个时代都有贤才，关键是要善于发现人才，任用贤才，使其各有所用。

唐太宗曾询问魏徵：何谓明君暗君？魏徵的回答是：兼听则明，偏信则暗。也就是说，作为一国之君，应该兼听广纳，才不会被蒙蔽，下情也才有可能上达。唐太宗极为赞同。魏徵还对唐太宗说过："君主好比一条船，百姓好比水，水能载船，也能覆船。"唐太宗更是把这话当作金玉良言。他深知要治理好国家，自己就应当争做一个明君，广泛听取大家的意见，择善而从。短短几年，魏徵上谏就有二百多次。

唐太宗渴慕人才，不仅自己留意贤才，而且要求宰相广求贤才；唐太宗心胸开阔，气度宏大，不问亲疏，不论贵贱，唯才是举。

贞观三年（629），因为天下大旱，唐太宗下诏要求官员上书进言，以求多方意见。其中，中郎将常何罗列了二十多条意见，而且条条切中时事。唐太宗看后很是奇怪：常何乃一武将，怎能写出这样的奏章呢？经过一番调查后，唐太宗得知，奏章果然不是出自常何之手，而是常何家的门客马周所写。于是，他立即下令召见马周，并将他留在了门下省为官。马周也不负唐太宗所望，很快就显示出了非凡的才干，后官至中书令。唐太宗曾说："我只要一时没见到马周，就会想念他。"

历史微课

马周(601—648) 字宾王，博州茌平(今山东茌平东南)人。唐初大臣。马周年少时就成了孤儿，家境贫寒，但喜好学习。后成为中郎将常何的门客。贞观三年(629)，马周因谏言有功而被唐太宗召见，后屡次升迁，官至中书令。他多次向唐太宗谏言，为贞观年间的政治改良，乃至"贞观之治"的形成和延续，发挥了积极的作用。

凭"五事"治得天下

一次,唐太宗偶然间向侍臣问道:"自古以来,有那么多帝王能够平定中原,却不能让戎、狄等族臣服。如今,朕的才能虽不及古代帝王,可成就却比他们大。这是什么原因呢?请诸位直言。"

"陛下的功德大如天地,仅一两句话怎能说清楚呢?!"众臣一致表示。

唐太宗听罢,摇头说道:"哪有说不明的道理呀!朕之所以能有此番成就,概括而言,有五点缘由。首先,自古以来的帝王大多嫉妒能力胜过自己的人,而朕见了他人的优点,就好像是看见了自己的优点一样;其次,天下之人是没有十全十美的,所以朕的待人之道常常是取其所长,弃其所短;三者,君主们往往是见到贤才恨不能放进怀里,遇着无能之辈则是恨不得将其推入深渊,而朕更愿意让贤能者与无能者各得

> 哪有说不明的道理呀!

其所，所以，朕尊敬贤德之人，同时怜悯无能之辈；四者，君主们一般不喜欢敢于直言的人，对他们或是暗中加害，或是公开惩罚，可以说历代无一例外，而自朕即位以来，正直之士可谓满朝皆是，也没有一人因此而受过责罚；五者，自古以来的帝王都是以中原为贵，而轻贱戎、狄等族，而唯有朕对他们一视同仁，所以他们才会如此忠诚地依附于我们。"

唐太宗的一席话，令众臣深有同感。

历史微课

天可汗 可汗是游牧民族对其首领的称呼。唐太宗统治时期，唐朝国力强大，对周边少数民族实施开明的民族政策，尊重和保留民族自身的社会组织和风俗习惯，显示了其处理民族关系仁和宽厚的胸怀。因此，唐太宗被铁勒、回纥等族尊为"天可汗"。

文成公主入藏的故事

吐蕃(bō)王朝的建立者松赞干布是著名的少数民族首领。传说他十三岁时就已精通各种武艺,而且能歌善舞,深受吐蕃人民的爱戴。

年轻的松赞干布极富远见。为了学习唐朝文化,他派出使者,长途跋涉到长安,向唐太宗求亲,希望以此促使两国建立友好关系。

唐太宗一开始没有答应。吐蕃使者怕受责备,便向松赞干布谎报说,唐朝皇帝之所以没有答应他们的亲事,是因为西北的吐谷(yù)浑国王也去求亲了。

吐蕃和吐谷浑两国的关系本来就紧张,一听这话,松赞干布更加怨恨吐谷浑了。他立即出动了二十万人马进攻吐谷浑。吐谷浑抵挡不住,便退到了青海湖一带。

为了显示吐蕃的实力,松赞干布继而向唐朝发动进攻,并宣称,如果不能迎娶唐朝公主,他就带兵直攻长安。唐朝对此不敢轻视,迅速派

历史微课

松赞干布(约617—650)吐蕃赞普(国王)。在位期间,先后兼并今西藏地区各部,统一西藏,定都逻些(今拉萨)。他注重发展农牧业生产,命人制定文字和法律,创设行政制度和军事制度,正式建立起吐蕃奴隶制政权。唐朝贞观年间,松赞干布与文成公主联姻,接受汉族的先进生产技术,促进了吐蕃的全面发展和汉藏之间的经济文化交流。

大军防御。双方几次交手，吐蕃大败。松赞干布只好向唐朝求和，而唐太宗原本就有讲和之意，也就同意了。

贞观十五年（641）的正月，唐太宗的远房侄女文成公主在江夏王李道宗的护送下，远嫁去了吐蕃。

传说，松赞干布能娶到文成公主，还有其派去求亲的使者禄东赞的功劳呢。因为他解答了唐太宗当时提出的五个难题，成功完成了求亲的使命。

这五个难题据说是这样的：将一根丝线穿过一颗有九曲孔道的明珠；将一百匹母马和一百匹小马驹放在一起，要求辨认出哪匹马驹是哪匹母马所生；要求各国使者在将一百只羊剥皮、鞣皮、吃肉的同时，喝完一百坛酒；要求辨认出一百根头尾一般粗的木棒的头和梢；要求从两千五百名打扮得一模一样的女子中辨认出文成公主。

禄东赞一一给出解答：其一，将丝线系在一只蚂蚁的腰部，由蚂蚁带着丝线爬过明珠的九曲孔道；其二，将母马和小马驹分开关上一天，并断绝小马驹的饲料和水，待到第二天，饿慌了的小马驹便会奔向自己的母亲；其三，采取小碗喝酒，边吃边喝

历史微课

李道宗（600—653）字承范。唐高祖李渊的堂侄。唐朝初期大臣。一生参与诸多战役，为唐王朝的统一和开疆拓土立下赫赫战功。贞观十五年（641），送文成公主至吐蕃与松赞干布成婚。十九年，随唐太宗东征，为前锋，陷阵建功，受唐太宗称誉。晚年遭人陷害，在流放途中病死。

边鞣皮的策略,便不会醉倒累倒了;其四,将木棒放进水里,头重尾轻,浮在上面的便是木梢了;其五,找来文成公主的乳娘,有了乳娘的指点,公主自然就被认出来了。

就是她!

上有明君，下有良臣

唐太宗认为，一个国家的治理只靠皇帝一个人是不行的，应当广纳贤良。他不但自己留心发现和提拔有才之人，还要求臣下推荐人才。

唐太宗用人，不以个人好恶为标准，不以新旧亲疏为转移。他常说："要唯才是举。如果没有才能，再亲近的人也不能用；如果有才能，则即使是仇人也不能错过！"比如魏徵，原是太子李建成的人，曾劝李建成除掉李世民。然而，"玄武门之变"后，唐太宗李世民不但不计前嫌，反而对魏徵加以重用。

正是因为唐太宗知人善用，任人唯贤，使得他在位的贞观年间涌现出了一批具有治国才能的杰出人才。唐太宗就是靠这批人才尽心竭力的辅佐，才开创了唐王朝"贞观之治"的盛世局面。

1. 魏徵,你挑拨我们兄弟间的关系,不怕我杀了你吗?

2. 不怕!

3. 先给我个理由!

4. 因为圣上是个千百年来可遇而不可求的最最明事理之明主啊!

5. 然也!

最佳拍档，"房谋杜断"

房玄龄，秦王李世民的主要谋士；杜如晦，在进秦王府之前只是一个小县尉，后经房玄龄推荐，才成为李世民身边的又一重臣。唐太宗李世民即位后，他们便当了尚书省的仆射，即李世民的左右宰相。

唐初的典章制度都是由房玄龄和杜如晦制定的。每次商议国家大事，房玄龄总是要等杜如晦来了才肯做最后决定；而杜如晦所采取的计谋又往往是房玄龄提出的。于是，人们常称赞房玄龄善于出谋献策，而杜如晦则长于当机立断，"房谋杜断"便由此而来。

此外，房、杜二人还身兼多职：杜如晦既当宰相，又兼吏部侍郎（负责选拔官吏）；房玄龄甚至还兼任了国史的编撰管理工作。这引起了部分大臣的不满，他们合写奏折批评房、杜二人兼职过多。不料，唐太宗却回应道："房玄龄和杜如晦有这么多兼职，并不是因为他们是我的旧臣，也不是因为他们曾立下大功，而是因为他们有本事！"

可惜，杜如晦在贞观四年（630）就去世了。在他病重期间，唐太宗常常派太医前往诊治，但终究回天乏力。杜如晦死的时候才四十六岁，唐太宗后来还时常记念着他。

　　一次,唐太宗吃瓜,觉得那瓜的味道特别香甜,便让人留了半个以祭奠杜如晦。还有一次,唐太宗赐给房玄龄一条银色腰带。可能是触景生情吧,唐太宗赶忙让房玄龄给杜如晦家也送去一条。但听说鬼魂害怕银色,于是特意为杜如晦选了一条金色的腰带。

世间少有的君臣关系

据说，唐太宗李世民十分敬畏良臣魏徵。一次，唐太宗正在玩鹞子，突然看见魏徵从远处走来，便赶忙将鹞子藏进了怀里。而魏徵其实早就看到了，便故意多说了几件事，拖延时间。等魏徵走远后，唐太宗才从怀里拿出鹞子。一看，鹞子早已被闷死了。

又有一次，唐太宗准备去南山打猎，正要起驾

> 鹞子，你死得好冤哪！可朕实在也是怕魏徵批评啊！

的时候,听说魏徵从老家扫墓回来了,便立即传旨道:"今日不出行了,停驾!"

"陛下为何又不去了呢?"魏徵得知后感到很奇怪。

唐太宗有些不好意思,说:"我本来是打算去南山打猎的,但因为怕你反对,所以临时决定不去了。"

如此的君臣关系,可谓世间少有!魏徵是个聪明人,他也同样尽忠于唐太宗李世民。一次,唐太宗在九成宫宴请平日里较为亲近的一些大臣。席间,长孙无忌突发感叹:"过去,王珪和魏徵都是太子李建成的手下,我把他们当作敌人来看待;如今,我们却能坐在一起喝酒,真是没想到呀!"

"是啊!过去我确实把魏徵当过仇人,可他能忠于职守,直言进谏,让我少做了很多不合理的事情,使我不得不器重他呀!"唐太宗放下手中的酒杯,不无感慨道。

魏徵听后,即刻起身下跪,十分恭敬地表示:"正是有了陛下的引导,臣才敢于进谏!若陛下不能接受,臣又岂敢冒死直言!"

历史微课

魏徵(580—643)字玄成,魏郡内黄(今河南内黄西北)人。唐朝政治家,绘图于凌烟阁的二十四功臣之一。隋末战乱中,魏徵先后投靠王世充和李密,后入唐,成为太子李建成的心腹。李世民登基后,魏徵以直言敢谏而闻名,辅佐唐太宗共同创建"贞观之治"的大业,被后人称为"一代名相"。

以人为镜，可知得失

魏徵虽然为官清廉，但也难免遭到忌妒。除了前番有人诬告说他包庇亲戚，后来又有人对唐太宗进谗言，说魏徵总是不停地提建议，即使不被接受，他还是会没完没了地说，对皇上实在是太不尊重了。

所幸的是，谗言没有奏效。因为唐太宗心里自有一杆秤，他郑重地告诉众臣："自从我做太子起，就已下决心要把国家治理好。一开始魏徵教我要以仁政治国，我起初也只是勉强接受；后来，仁政的益处不断显现，我也就不再担心，开始放心大胆地干下去了。如今，国家治理好了，这应该归功于魏徵，所以我格外敬重他。"

有一段时间，魏徵突然感到体力不支，很容易生病，于是便向唐太宗提出辞职。唐太宗惜才，不禁动情道："金子还在矿石中时，其实没什么可贵的，只有经过了优秀工匠的冶制，它才会被人们视为宝贝。而我就是那金矿石，你就是优秀的工匠啊！你只是生病了，并不算老，现在就辞职，合适吗？"

听了这席话，魏徵备受感动，自然也就不再提辞职一事了。

又过了十多年,魏徵去世。唐太宗原本打算用一品官阶的礼仪安葬魏徵,但最终还是被魏徵的妻子裴氏婉言谢绝了。

一天,唐太宗面对文武百官,不禁追思道:"以铜为镜,可正衣冠;以史为镜,可知兴亡;以人为镜,可知得失。魏徵一走,我的一面好镜子就没了!"

老魏啊,不要走!你是朕的一面镜子啊!

"魏徵"第二

王珪，唐太宗身边的另一个谏议大夫，他和魏徵一样，也是一位敢于冒犯龙颜、直言进谏之臣。唐太宗曾表示，王珪若能常做谏官，自己必定不会有过失。

一天晚上，唐太宗令宫女奏乐助兴。谁知，这些宫女所奏之曲不合韵律，唐太宗越听越不高兴，便索性下令让她们散去了。

次日早朝，唐太宗一脸严肃地斥责道："大家都说祖孝孙是一个懂音乐之人，我便让他来教宫人演奏，可是没想到，都这么多天了，宫人奏出来的曲子却还是不合韵律！这祖孝孙是不是根本就没有尽心去教啊？"说罢，便要降罪于祖孝孙。

群臣见状，纷纷出来相劝。第一个站出来的便是王珪："祖孝孙本是一名学者，他的主要职责应是修订雅乐，而陛下却让他去教宫人奏乐，这也未免太大材小用了吧。如此说来，

> 太难听了！退下！

应是陛下用人不当之故，又怎能加罪于他呢？"

"我也认为祖孝孙不该受到惩罚。"以善辞令而闻名的宰相温彦博紧接着上奏道。

这下可是火上浇油啊！唐太宗气得一下子从龙椅上站起来，指着殿下诸臣质问道："亏我平日里还把你们当作心腹！可你们为什么要这般俯下欺上，竭力为祖孝孙辩护？"顿时，朝廷上一派紧张气氛。

正当魏徵想要出来进谏时，王珪先迈了一步。他依然理直气壮："陛下不嫌我才能低下，赐我如此重要之职，我自当尽心效力。今日之言，本无私心，却没想到会遭陛下如此责备。陛下不是常教导我们不该因为您一时之怒气，便屈从于您的意见，以致造成您的过失吗？"

唐太宗听罢，虽然仍有余怒，但考虑到王珪说得句句在理，也只好强忍下去了。

武将之力胜过修筑长城

唐太宗即位之初,西北边境还很不安定。特别是东突厥,依旧不断地侵扰唐朝边境,闹得地方不得安宁。

629年,唐太宗决定向东突厥发动一次大规模的进攻。他派出李勣(jì)、李靖等大将率领十多万大军分道出击突厥。

第二年一月,李靖亲自率领三千精兵,夜袭突厥营地——定襄。突厥大败,颉利可汗率部逃跑。李勣则兵出云中,与突厥大战于白道(今内蒙古呼和浩特西北),也取得了巨大胜利。

二月,李勣与李靖会师白道,共同商量制订彻底打败突厥的作战计划。李靖说:"颉利虽然打了败仗,但其手下仍有不少兵马。如果我们选调一万精兵,带上二十天的干粮,跟踪袭击,相信一定能活捉颉利。"李勣表示赞成。于是,李靖按计划,以迅雷不及掩耳之势袭击了逃亡中的突厥军。颉利慌忙骑上千里马,欲逃往大漠以北。

李勣早有所料,在突厥兵必经之路布下阵势。颉利已毫无反抗之力,只好带着几个亲兵躲进了荒山。最后,他还是被李勣的部下抓住,送到长安。

李勣一直肩负着防御突厥入侵的重任。因为

治军有方,他不仅使边境长期安宁无事,而且还赢得了当地各族百姓的拥戴。

　　唐太宗为此也很是得意,趁摆宴庆贺之际,感叹道:"当初,隋炀帝只知修长城防突厥,结果还是没能防住。如今,我们有良将镇守边疆,终于使得边疆可以相安无事,他们才是国家真正牢不可摧的长城啊!"

历史微课

李靖(571—649) 本名药师,京兆三原(今陕西三原东北)人。唐初军事家、著名将领。李靖是隋朝名将韩擒虎的外甥,原为隋将,后效力唐朝。他善于用兵,长于谋略,南平萧铣,北灭东突厥,西破吐谷浑,为唐王朝的建立和发展立下了汗马功劳。因功封卫国公,世称李卫公。著有《李卫公兵法》,但原书现已不存世。

一代贤后长孙氏

唐太宗李世民大治天下,盛极一时,除了有一大批谋臣武将相助外,与其深明大义的妻子长孙皇后的辅佐也是分不开的。

长孙皇后是隋朝骁卫将军长孙晟的女儿,从小爱好读书,知书达理,十三岁时嫁给李世民为妻。李世民即位后,被立为皇后。

长孙皇后生性节俭。唐太宗对她十分敬重,常与她谈论国家大事。长孙皇后虽然很有思想,但她不愿以自己特殊的身份干预国家大事。她认为男女有别,应各司其职。她十分信任唐太宗手下那些谋臣贤士的能力,所以,即使提意见也是原则性的,而不会用细枝末节的建议来束缚大臣。

哈哈哈!
皇上,您笑什么?
1
2
3
4
我说了,你可不要外传哦!
那就是我的内助很贤啊!
5
6
皇上万福!
我说的贤内助是长孙皇后!

嫁妆风波

长乐公主是唐太宗和长孙皇后的掌上明珠。公主要出嫁了,长孙皇后尤其不舍,她给女儿准备了非常丰厚的嫁妆,其价值比当年唐太宗的姐姐永嘉公主的还要多一倍。

永嘉公主出嫁的时候,因为正逢唐初百业待兴之际,所以嫁妆比较简朴。长乐公主出嫁时,唐朝已是贞观盛世,国家昌荣,多增添些嫁妆其实也不算过分。

但是,魏徵得知此事后,趁上朝之际进谏说:"如果长乐公主的嫁妆超过永嘉公主一倍,于情于理都说不过去。所谓长幼有序,前人早已有了规制,还望陛下不要给后人留下话柄!"

唐太宗对此不以为然。毕竟时代不同了,情况也发生了变化,没有必要守着陈规不放。回到后宫,唐太宗无意间和长孙皇后说起了这件事。没想到,长孙皇后对此事非常重视,她竟称赞起了魏徵:"平日里时常听闻陛下礼待魏徵,但并不知道其中是何缘故。今天听到他这番谏言,才终于明白,魏徵确实是社稷重臣啊!想想我与陛下虽结为夫妻,情深意浓,但仍然不敢轻易冒犯,每次讲话前都得先看看陛下的脸色;魏徵与陛下只是君臣之交,却能不畏龙颜,直言以告,实在难得!陛下怎可不接受他的意见呢?"就这样,长乐公主最终带着不甚丰厚的嫁妆出嫁了。

事后,长孙皇后还派中使给魏徵送去绢四百匹、钱四百缗(mín),并传话道:"魏公之正直,早已有所耳闻。今日终于得见,不得不敬啊!希望魏公能忠心永存。"

巧平唐太宗怒气

魏徵常常犯颜直谏,有时弄得唐太宗十分难堪。唐太宗再大度,也总有受不了的时候。

一天,唐太宗退朝回后宫,一路上可谓怒气冲天,长孙皇后老远就能听到他的声音:"我迟早要杀了这个乡巴佬!"

长孙皇后不知情,虽是一脸茫然,却还是小心翼翼地问道:"不知陛下要杀何人啊?"

"还不是那该死的魏徵!老让朕在众人面前难堪,朕已是忍无可忍了!"唐太宗实在是气得不行了。

不料,长孙皇后听罢,悄悄退了下去。不一会儿,她穿着朝服出来拜见,让唐太宗不免有些惊讶。要知道,皇后的朝服只在举行大典时才穿,更何况,长孙皇后一向言行适度,合乎礼数,今日之为,定有缘由。

"皇后为何换了朝服来见朕?"唐太宗一脸疑惑。

"为了向陛下表示祝贺!"长孙皇后庄重地答道。

唐太宗更是摸不着头脑了:"不知今日有何事值得皇后如此郑重地来祝贺?"

于是,长孙皇后不紧不慢地说:"常言道,只有君明,臣子才会正直。魏徵之所以敢屡犯龙颜,直言相谏,还不是因为陛下圣明!国有明君,君有良臣,这是天下百姓莫大之福啊!臣妾怎能不向陛下表示祝贺呢?"

皇后一席话,令唐太宗顿时如沐春风,不由得怒气全消,脸露喜色。

历史微课

长孙皇后(601—636)知事理,有贤德,深明大义,而且擅长书法和文学。只可惜其书法墨宝因为年代久远,皆已失传。她所创作的文学作品,也只有一首《春游曲》存世。

中国历史上独一无二的女皇帝

武则天，原本是唐太宗宫里的一个才人（妃嫔的一种），十四岁开始服侍唐太宗。她被赐号武媚，人称媚娘。唐高宗即位两年后，她被封为昭仪（比才人高三等），后屡次加封，直至被立为皇后。

683年，唐高宗李治去世。武则天先后立两个儿子为皇帝，即中宗李显和睿宗李旦，结果两个人都令她不满意。于是，她废去中宗，软禁睿宗，自己以太后之名临朝执政。

690年九月九日，六十七岁的武则天终于登上了梦寐以求的皇帝宝座，改国号为周。她成了中国历史上唯一的女皇帝。

武则天虽然有其冷酷、残忍的一面，但其政治才能还是值得肯定的。不管是以皇后、太后的名义，还是以皇帝的身份施行统治，她都能保持社会稳定、国家富强。她的统治上承"贞观之治"，下启"开元盛世"，为唐朝的强盛打下了坚实的基础。

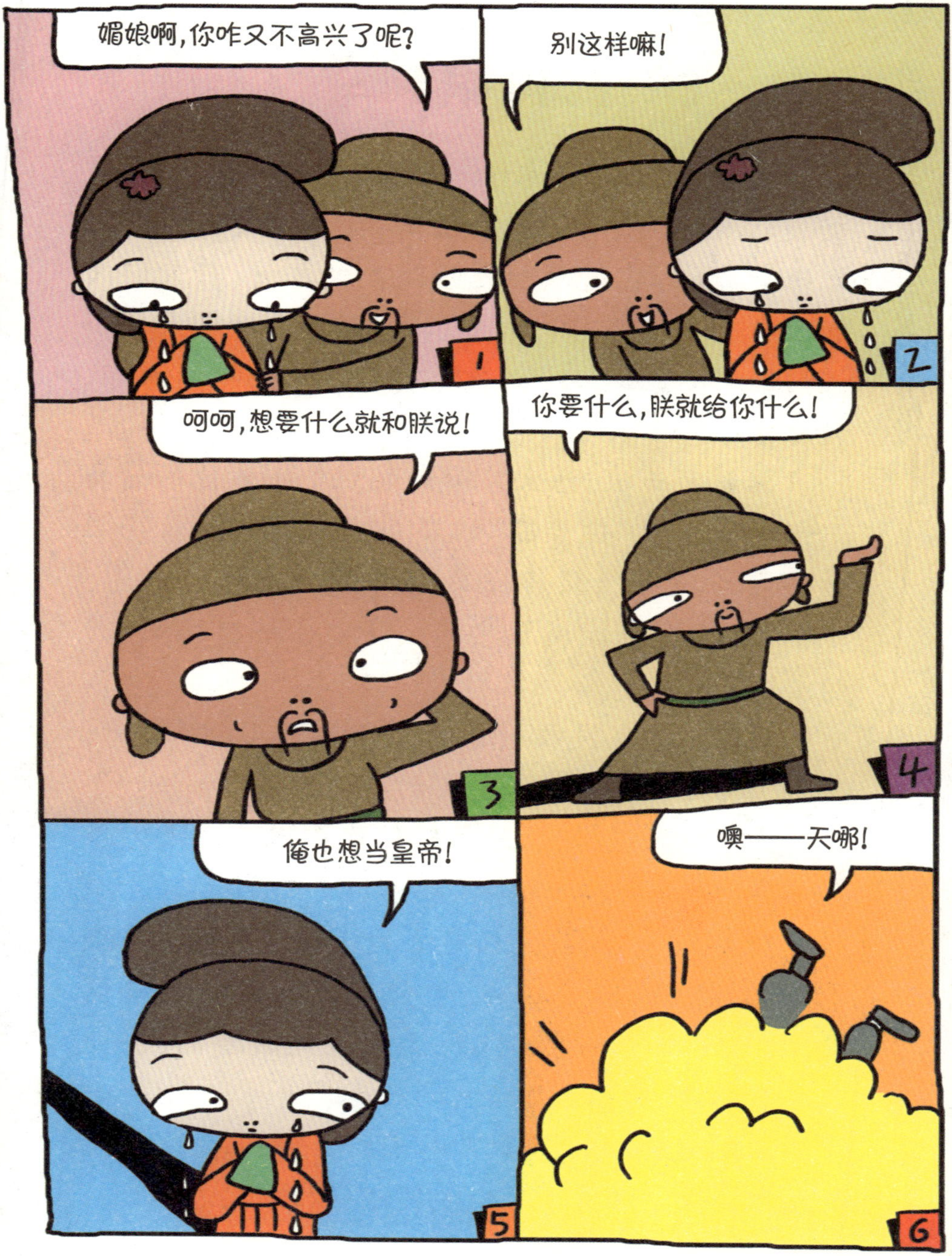
媚娘啊，你咋又不高兴了呢？
别这样嘛！
呵呵，想要什么就和朕说！
你要什么，朕就给你什么！
俺也想当皇帝！
噢——天哪！

武媚娘驯马

武则天,并州文水(今山西文水东)人。父亲武士彟(yuē)和唐高祖关系密切,在李渊太原起兵时就跟着打江山,是唐朝的开国元勋之一;母亲杨氏也出身于关陇名门。由于家庭的缘故,武则天从小便精通文史,机智过人。十四岁那年,她被选入宫,封为才人。

据说有一次,唐太宗带着嫔妃们去看他的爱马——一匹名叫"狮子骢"的烈马。此马虽然长得肥壮可爱,但是性情极为暴躁,很难驾驭。

"你们有谁能制服它吗?"唐太宗一时高兴,开起了玩笑。

妃子们谁也没敢接嘴,只是相视而笑。不多时,突然从人群里传来一个坚定的声音:"陛下,我能!"

大家循声望去,正是年轻的武媚娘。唐太宗很是惊奇,问有什么办法。

武则天回答道:"只要给我三件东西,一是鞭子,二是铁锤,三是匕首,便能将其制服。它若调皮,就先用鞭子抽它;不服,再用铁锤敲它的头;如果再不服,就用匕首刺断它的脖子。"

虽然这样的回答多少带点孩子气,但唐太宗还是大为赞赏。他不禁哈哈大笑道:"壮朕之志啊!"

即使儿子也没得商量

660年起，唐高宗因病委托武则天处理朝政。从此，唐高宗上朝，武则天垂帘听政，一切政事由两人裁定。唐高宗生性懦弱，体质欠佳，因此，武则天渐渐掌握了决断大权，各方上奏，都称"二圣"。675年，年事已高的唐高宗决定将皇位禅让于太子李弘。

李弘是武则天的长子，在朝廷内外极负声誉。可武则天却偏偏十分厌恶这个儿子。表面上看是因为儿子李弘反对母亲专横，其实是武则天怕儿子妨碍她掌权。

就在这年四月，年仅二十四岁的李弘突然不明不白地死了。于是，唐高宗只好再立次子李贤为太子。但李贤也不那么顺从母后，这使武则天十分不满。才过了五年，武则天又借故将李贤贬为庶人，而让碌碌无为的三儿子李显做了太子。

683年，唐高宗驾崩，太子李显即位，他就是唐中宗。唐中宗尊武则天为太后，封太子妃韦氏为皇后，还想让皇后的父亲韦玄贞做宰相。要知道，宰相可是个极其重要的官位。大臣裴炎当即就表示反对，劝谏唐中宗要任人唯贤，不可任人唯亲。

唐中宗年轻气盛，摆出天子的架子说："我就是

把整个天下都给了玄贞也不过分,何况一个宰相,又有何不可?"此时,裴炎已无话可说,只能悄悄将此话禀报给了武则天。武则天听罢,即刻决定废唐中宗。

两个月后,武则天趁召集百官之际,令裴炎率兵入宫。裴炎当众宣布了太后要废皇帝为庐陵王的旨意。

"我犯了什么罪,为何废我?"唐中宗异常惊讶。

武则天回斥道:"你要把天下送给韦玄贞,还说没罪?"

就这样,唐中宗被废,武则天的最后一个儿子李旦奉命继位,他就是唐睿宗。唐睿宗是个柔顺驯服的人,当皇帝只是徒有虚名罢了,国家事务由武则天一人说了算,武则天被尊为皇太后。

690年九月九日,唐睿宗将皇位让给了母后武则天。武则天自称圣神皇帝,改国号为周,这一年,她已是六十七岁的高龄了。

请君入瓮

武则天获得皇位以后,为了及时除掉那些反对她的政敌,巩固自己的统治,她广开告密之门,恐吓臣民,使得臣民个个蹑足闭口,不敢乱说乱动。

一时间,告密的人越来越多,更荒唐的是,告密已经成为一些人升官发财的捷径。比如,有一个叫来俊臣的,原本只是京师的一个小无赖,常常诬陷好人,却因此而得宠,甚至官至御史中丞,专门负责对官员实施监察。他没有上过学,却有满肚子的坏水。他还和另一个酷吏合作编写了一本名叫《罗织经》的书,专门用来教人如何罗织罪状,如何诬陷好人。

另外,还有一个叫周兴的,原来也只是一个小官,因为善于罗织罪状、诬告好人而得到赏识,被提拔为秋官侍郎,后又升为尚书右丞。他养了几百名无赖,专门从事告密的勾当,还设计了很多残酷的刑具。

可正当周兴春风得意的

历史微课

左金吾卫 607年,隋朝为了加强中央集权,将原来的十二府改置扩充为十六卫(也称十六府),由十六卫大将军统领,直接向皇帝负责。唐沿隋制,名称略有改动,分别是:左右卫、左右骁卫、左右武卫、左右威卫、左右领军卫、左右金吾卫、左右千牛卫、左右监门卫。名义上,十六卫既保卫京师,又统领天下各府兵;实际上,战时由皇帝临时派行军大元帅为最高指挥官。

时候，有人竟告发他与左金吾卫大将军丘神勣是同谋。这丘神勣也不是个好人，也杀过很多人，不过这时候已经被处死了。

武则天接到密告周兴谋反的状子后，非常吃惊。她命令来俊臣负责审理此案。其实，来俊臣为讨好武则天，也没少在背后和周兴较劲，这次可是个好机会。

来俊臣把周兴请到家里喝酒。席间，来俊臣假装随意地问道："最近刚抓了一批犯人，强得很，怎么也不肯招供，您看有什么好法子？"

周兴得意地回答道："这还不容易！拿一个大

谁不肯招供，就把他放入大瓮用火烤。

瓮放在炭火上。谁不肯招供,就把他放入大瓮用火烤,看他招不招?"

"不错,不错,果然是好办法!"来俊臣听罢,连连点头称赞。接着,他便让手下搬来一个大瓮,四周又生起了炭火。

周兴正奇怪呢,只见来俊臣站起身来,一脸严肃地说:"接皇上密旨,让我审判周兄谋反之事。周兄若不好好招供,那就只好请君入瓮了!"

这下把周兴吓坏了。来俊臣的手段,他可是最清楚的,便慌忙叩头认罪了。武则天念其往日的忠心,免了他的死罪,将他流放岭南(今广东、广西等一带)。但是,因为坏事干得太多,冤家不少,周兴行至半路便被人暗杀了。

再说那来俊臣,仍然受到武则天的宠信,继续干着诬陷杀人的勾当,前前后后不知道杀害了多少官吏百姓。他的胃口越来越大,甚至诬告武则天的侄儿武三思和爱女太平公主。

你想啊,这些人是好惹的吗?他们先发制人,以其人之道还治其人之身,以谋反罪把来俊臣送入监狱,并判他极刑,斩于街市。据说,行刑那天,来俊臣的头刚一落地,愤怒的人们便扑了上去,剥他的皮,咬他的肉。没一会儿工夫,来俊臣的尸身就被撕得稀巴烂了。

10 不拘一格用贤才

　　武则天称帝后，十分重视人才的选拔和任用。她经常派人到各地去物色人才，凡是能"安邦国""定边疆"的人才，她都不计出身门第、资格深浅，破格提拔，大胆任用。为了广揽人才，武则天还完善了隋朝以来的科举制度，放手招贤，允许自己推荐自己做官。此外，她还首创了由皇帝亲临试场的殿试制度和专门用来选拔武官的武举制度。

　　正因为武则天为遴选人才创造了很多有利的条件，所以，她的身边始终有一批贤能之士为她效力，有力地维护了武周政权。

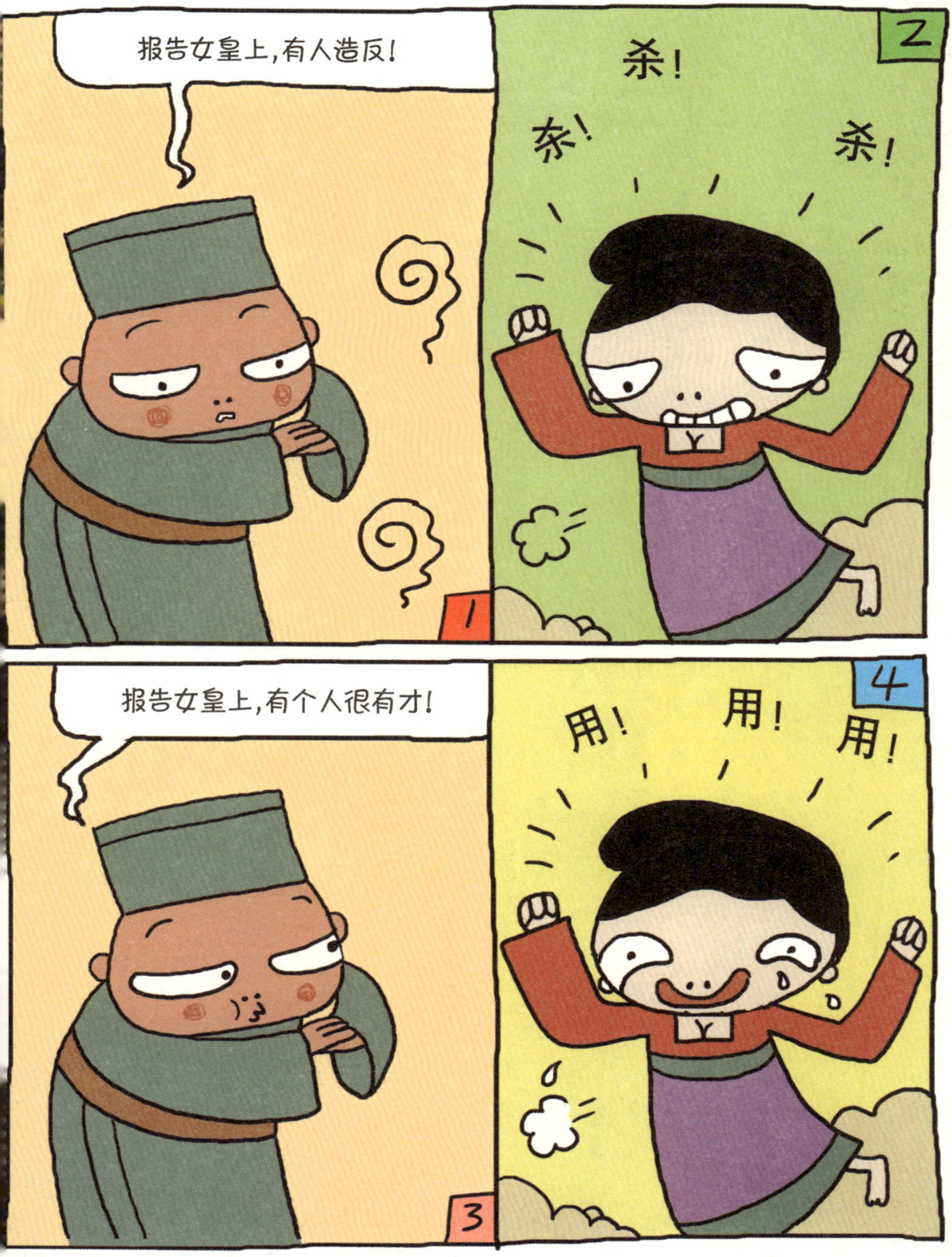
报告女皇上,有人造反!
杀!
杀!
杀!
报告女皇上,有个人很有才!
用!
用!
用!

几起几落的狄仁杰

狄仁杰（630—700），字怀英，太原人，早在唐高宗时就以为人正直、多谋善断而著称。他出任大理丞（掌管审狱量刑）时，曾在一年里处理积案一万七千多件，竟无一人被冤，公正之誉由此不胫而走。

武则天当政时期，宰相张光辅率领的将士因为平定了越王李贞而得意忘形，到处索取财物，甚至要到了狄仁杰的头上。狄仁杰不仅一口拒绝，而且还严词抨击张光辅纵容部下。张光辅因此怀恨在心，回朝打了小报告，于是狄仁杰被贬职做了复州（今属湖北）刺史。

狄仁杰虽然遭贬职，但其品行早已传入武则天的耳中，所以，在武则天正式登上皇位后的第二年，狄仁杰被重新调入朝廷，拜为宰相，得到了超乎寻常的重用。

不过，武则天并未给狄仁杰以完全的信任，有异心

历史微课

大理寺 官署名。南北朝至清代的中央审判机关，相当于现代的最高法院，掌管刑狱案件的审理。其首长名为大理寺卿。初设于北齐，隋朝时确立。唐朝时一度改称详刑寺，不久复名大理寺。狄仁杰曾任大理丞（佐官），断案公正。后人据此编出许多精彩的传奇故事，将狄仁杰比作神探，称他断案如神。

者即格杀勿论的准则同样用在狄仁杰身上。狄仁杰当宰相没有多长时间,便被酷吏来俊臣诬告谋反,并被抓去接受审讯。

按照当时的法律,谋反是死罪。但法律也规定,只要在第一次审讯时承认罪状,就可以算作自首,减去一等处罚。所以,当狄仁杰看到审讯室内摆满刑具,知道若不认罪就会被活活打死的时候,他选择了认罪。正所谓好汉不吃眼前亏,先活下来再说。

没想到的是,得寸进尺的来俊臣竟然又诱骗他说:"如果你再供出别人来,还能从轻发落。"

这下把狄仁杰惹火了:"皇天在上,竟然让我狄仁杰干这等事!"说完,他一头撞在了柱子上,顿时血流满面,昏死了过去。来俊臣见状,只得作罢。

之后,来俊臣便根据逼供所得的材料,胡乱给狄仁杰定了罪,同时对狄仁杰的防范也渐渐松懈了。

那时,正值开春之际,狄仁杰趁机写了一封申诉状,并将它缝进刚换下来的棉衣里。家

> 要我诬陷好人,还不如让我一头撞死算了。

人来探望的时候,他便让狱官把棉衣交给了家人。

狄仁杰的儿子发现父亲的申诉状后,托人给武则天送去。武则天看完后,决定亲自召见狄仁杰问个究竟。

"你既然是被冤枉的,那为什么又要招供呢?"武则天质问道。

狄仁杰回答说:"如果我当时不认罪,恐怕现在就见不到陛下了。"

死罪可免,活罪难逃。武则天虽然免了狄仁杰的死罪,但还是降了他的职。

696年,契丹军突然进犯。为加强东北防御,武则天特意将狄仁杰调去魏州(治所在今河北大名东北)做刺史。因政绩卓著,狄仁杰再度被武则天拜为宰相。这次,狄仁杰已深得武则天的信赖,不论是内政还是外交,武则天都要征求狄仁杰的意见。为了表示器重,武则天甚至免去了狄仁杰的下跪之礼、宫中值夜的任务,并尊称他为"国老"。狄仁杰多次提出告老还乡的要求,都被武则天拒绝了。

若干年后,狄仁杰去世了。武则天不禁叹息道:"老天啊,你为什么要这样早夺走我的国老呀!"

骆宾王"讨"武

骆宾王，唐朝婺州义乌（今浙江义乌）人。武则天当政时，他多次上书讽刺朝政，因此获罪入狱，幸好后来遇赦得释。

680年，骆宾王出任临海县丞，由此得名骆临海。684年春天，骆宾王因事进京，目睹了武则天废帝夺权、大开杀戒，以及武氏势力横行无忌的种种恶行，心里非常气愤。带着一腔郁郁之气，他离京南下，但没有返回临海，而是去了扬州。

在扬州，骆宾王参加了徐敬业讨伐武则天的起事，并写下了著名的《讨武曌（zhào，同"照"）檄文》。檄文罗列了武后的种种罪状，写得极为感人，反武势力莫不闻檄扼腕。有如此号召之势的檄文，很快便落到了武则天手里。

令人诧异的是，武则天看完这篇对自己极尽谩骂之能事的檄文后，丝毫没有动怒的样子，甚至为檄文中优美的文字所吸引。当她读到"一抔之土未干，六尺之孤何托""请看今日之域中，竟是谁家之天下"时，竟拍案叫绝，说："如此人才得不到重用，实在是宰相的过错！"

为了不再让类似骆宾王这样的人才被埋没，第二年，武则天下诏允许群臣百姓自荐为官，并在她当上皇帝的同一年(690)，亲自在洛城殿考试应科考的贡生，首创了科举考试的"殿试"制度。其后，武则天又在科考中专设"武举"科目，用以选拔有武艺的人才。

正是因为对人才的重视，在武则天为政的五十多年时间里，科举制度才得以发展和完善。当时朝廷上下，可谓人才济济。宰相李昭德、魏元忠、杜景俭、狄仁杰、姚崇、张柬之等，都是一代名相；郭元振、娄师德、唐休璟等，又都是一代名将。后来，协助唐玄宗创造"开元盛世"的重要人物，大多是在武则天时期选拔培养出来的。

历史微课

初唐四杰 指唐代初年文学家王勃、杨炯、卢照邻、骆宾王的合称，简称"王杨卢骆"。他们的诗文扭转了唐朝以前萎靡浮华的宫廷诗文风气，使题材从亭台楼阁、风花雪月的狭小领域，扩展到江河山川、边塞荒漠的辽阔空间，赋予诗文以新的生命力，对唐代文学风气的转变起了一定的作用。

执法如山的徐有功

徐有功出身书香门第，通过科举考试做了官。他所担任的官职大多与法律有关，因为耐心细致，任内无一人被判处死刑，所以老百姓都说："被徐大人审判，毫无怨言。"

武则天要称帝，夺唐朝李家的天下，李姓宗室的几个王子起兵反对。武则天将他们一一镇压了下去，琅邪王李冲便是其中之一。武则天杀李冲后，为了安定人心，又下诏宣布：只惩办首犯，从犯可免罪。

但是，不久后，有人被控告说是李冲的同党，酷吏来俊臣便将其定了死罪。不过，按照法律程序，任何案件都应由大理寺进行复审，才能最后定案。而当时负责大理寺司法工作的正是徐有功。徐有功在复审此案时，予以驳回，因为他认为刚发布过大赦令，这人即使有罪，也应被赦免。

后来，案子被报到了武则天那里。武则天当着众大臣的面，严厉斥责徐有功："对于这个案子，你为什么不同意定死罪？"

徐有功回答道："陛下不是刚下了诏令说'惩办首恶，支党赦免'吗？我就是根据这个办的案。"

"那你凭什么说那人不是首恶？"武则天又反

问道。

徐有功不慌不忙地说："首恶李冲不是已经被正法了吗？皇上就是在这之后才下诏令说'首恶李冲已被惩办，其余支党不予追究'的，那此人若不属于支党，又是什么呢？"

武则天听罢，觉得徐有功说得有理，这才缓和了语气："既然这样，那就照你的意见，把他定为流放吧。"

就这样，徐有功又保下了一个不该死的人。

徐有功在朝从事司法工作十余年。在当时酷吏横行的环境下，他平反了酷吏制造的几百件冤案。为此，他也没少得罪那些阴险的酷吏，曾三次被控告犯有死罪，多次遭罢官。然而，只要他一回到司法岗位，就一如既往地执法如山！

有一次，武则天特意召见徐有功，指责道："为什么你办案总是'失出'（即有罪判无罪，重罪判轻罪）？"

徐有功又一次巧妙地应答道："失出，是微臣我的小过；而好生，则是圣人之大德啊！"由此，武则天对他更为敬重了。

历史微课

徐有功(635—702) 唐朝偃师（今河南偃师东南）人，字有功，名弘敏。出身书香门第。任蒲州司法参军时，为政宽仁，不行杖罚，被当地百姓称为"徐无杖"。后任司刑丞、侍御史、左司郎中、司刑少卿等职。他执法公正，虽受武则天斥责，仍不枉法杀人。

失出，是微臣我的小过。

11 又见"玄武门之变"

晚年的武则天已经病得快不行了,她把处理国事的任务完全交给了宠臣张易之、张昌宗兄弟俩。宰相张柬之等朝中大臣因为担心李唐江山的安危,决定先下手为强,发动宫廷政变。太子李显在情急之下,同意出来主持诛杀二张的行动。

705年正月,太子一行人急速穿过玄武门,冲进了武则天居住的长生殿。只听张柬之一声令下,张易之、张昌宗兄弟俩当场被杀。一向刚强的武则天自知已无法控制政局,不禁流下了眼泪。

数日后,武则天被迫宣布传位于太子李显,是为唐中宗,唐的国号也得到了恢复。

1. 咦,我的那两个小朋友呢?好几天都没来找我玩了。

2. 皇母大人,孩儿把他们杀了!

3. 呜——为什么?

4. 这俩小子欺上瞒下,图谋不轨!

5. 哎呀呀!全弄拧巴啦!什么图谋不轨,是我需要他俩呀!

女皇的宠臣

张易之、张昌宗兄弟俩仗着姣好的外貌得到了武则天的特别宠信,他们在朝中横行霸道,贪赃枉法。大臣们心有不满,却不敢表露。

704年,武则天已到了八十一岁高龄,常常卧床不起。张易之和张昌宗兄弟俩便终日陪伴在长生殿。大臣崔玄暐(wěi)终于忍不住了,进言道:"太子很孝顺,他很想在陛下身边侍候。宫里毕竟不应让外姓人多出入。"

武则天虽然知道这话中有话,但她还是不相信她的"宠臣"们会有不良意图,所以也就没有采纳崔玄暐的意见。不过,张氏兄弟俩有些担心了。他们开始迫不及待地培植势力,以防不测。

也就在同时,洛阳城里突然多次出现匿名信,说张氏兄弟有谋反之意,街头巷尾也都充满了此类传言。这下可

把张昌宗吓坏了。他连忙请来有"铁嘴"之名的算命先生李弘泰，让他给自己算命。李弘泰一番吹捧后，提出建议，让张昌宗修建佛寺，以求天下之人的拥护。张昌宗听罢，一颗悬着的心终于可以稍稍放下了。

张昌宗的一举一动其实早在众臣的监视之下。大臣杨元嗣趁张氏兴建佛寺之际，向武则天揭发。武则天虽然心存疑虑，但仍是旧情难舍。即使后来又有多位大臣上疏请求处置张昌宗，武则天还是难以定夺："张昌宗既然已经坦白自首，又何必再追究呢？"

历史微课

神龙政变　705年（神龙元年），太子李显联合宰相张柬之、崔玄暐、敬晖、桓彦范、袁恕己等大臣发动兵变，逼迫女皇帝武则天退位，复辟唐朝。同年，武则天去世。由于改朝换代，所以这次兵变也叫神龙革命。李显登基后，将五大功臣封为郡王，所以又叫五王政变。

705年正月，太子李显等人经过密谋，终于发动了政变。他们攻下玄武门后，直奔武则天居住的长生殿。只听宰相张柬之一声令下，张易之、张昌宗兄弟俩被当场杀死，随即二张的党羽也相继被诛杀。此时，一向刚强的武则天自知已无法控制政局，不禁流下了眼泪。

政变第四天，太子李显正式即位，是为唐中宗，恢复了李唐王朝。

可怜的唐中宗

其实,唐中宗李显这次已是第二次即位了,早在父亲唐高宗死后,他就即位过一次。当时,他只做了两个月的皇帝,便被母亲武则天废了,改封为庐陵王。二十多年后,他终于又一次登上了皇帝的宝座。

可惜,唐中宗犯了和父亲一样的毛病,那就是惧内。他对妻子韦氏可谓言听计从,当上皇帝后,便册封韦氏为皇后,并每天与皇后共听朝政。

除了惧内,唐中宗尤其溺爱小女儿安乐公主。他从来没有对安乐公主说过一个"不"字。安乐公主甚至可以自己起草诏书,并遮住内容让唐

宝贝,我哪敢对你说个"不"字呢?

父亲大人,快封我为皇太女。

中宗签字画押，还逼迫唐中宗封自己为"皇太女"。

此外，还有一位响当当的人物——太平公主，唐中宗的妹妹。她曾是武则天最喜欢的一个女儿，唐中宗对其十分敬重；不过，她也是韦皇后与安乐公主的眼中钉。

710年六月，唐中宗吃了由韦皇后的点心师制作的甜饼，突然暴毙。随后，韦皇后秘不发丧，自己起草"遗诏"，指定唐中宗仅存的儿子李重茂为皇位继承人。这就是历史上的唐殇帝，又称少帝，当时才十六岁，韦皇后自然可以临朝摄政、独揽大权了。

然而，韦皇后的好日子并不长。她的死对头太平公主其实一直在行动。太平公主联合相王李旦之子李隆基，发动了"万骑"（即皇帝的随从骑兵和羽林军）兵变，韦皇后与安乐公主相继被杀。相王李旦重新登上皇位，史称唐睿宗。

历史微课

羽林军 皇帝禁卫军。创立于汉武帝时期，后改名"羽林骑"，取其"如羽之族，如林之多"的意思，为皇帝护卫。在不同时期有不同的称呼，如禁军、禁兵、禁卫军、亲卫军等。

12 开天盛世

710年,已退位二十年的唐睿宗李旦再次当上了皇帝。两年后,他便将皇位传给了儿子李隆基。这就是唐玄宗,又称唐明皇。

唐玄宗励精图治,选贤任能。开元初,他任用"救时宰相"姚崇,后又任用刚正不阿的宋璟为相。唐玄宗此时所用之相各具所长,尽忠尽职,使得朝野上下一派朝气。

正是在唐玄宗及其大臣的共同努力下,唐朝在开元年间治理较好,由此被誉为"开元之治",也被称为"开元盛世"。

到了唐玄宗天宝年间,因为有了贞观至开元一百多年的大发展,唐朝出现了空前的繁荣局面,也被赞誉为"天宝盛世"。

"开天盛世"即为开元、天宝两大盛世的合称,它包括了整个唐玄宗时代。在此期间,唐朝可谓大太平、大富强、大辉煌。"开天盛世"是国强民富的典范。

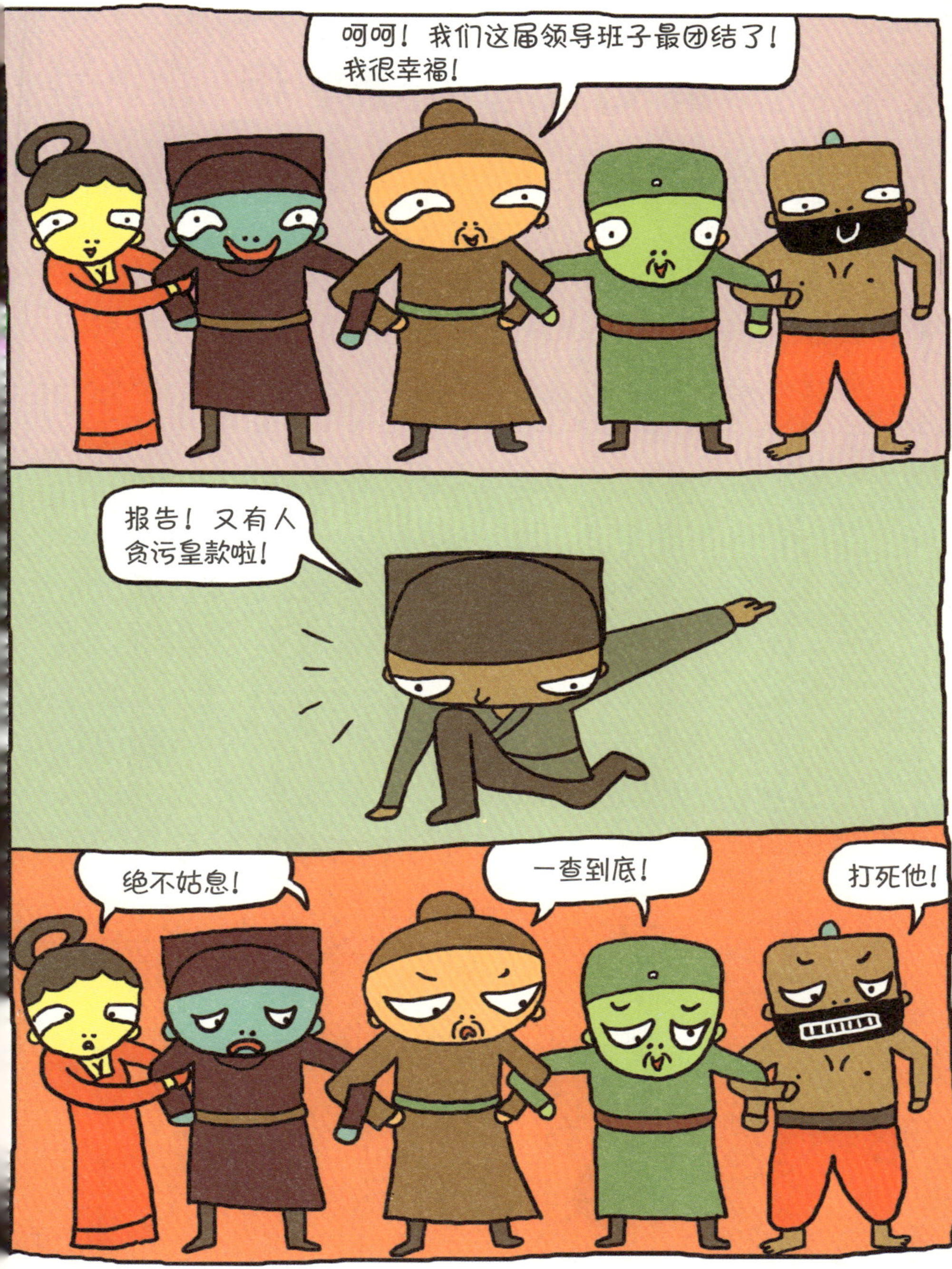
呵呵！我们这届领导班子最团结了！我很幸福！
报告！又有人贪污皇款啦！
绝不姑息！
一查到底！
打死他！

唐玄宗马上得宰相

太平公主,武则天唯一的女儿,也和她的母亲武则天一样野心勃勃,想当女皇帝。太平公主利用唐睿宗的软弱,曾一度把持朝政大权。随着势力的膨胀,她的行为也越来越肆无忌惮。唐睿宗李旦对母亲武则天专政时自己所受的压制记忆犹新,担心太平公主也效法武后。权衡再三后,唐睿宗便于712年传位给儿子李隆基,自己则做起了太上皇。李隆基就是唐玄宗。

太平公主时刻想着发动宫廷政变,废掉唐玄宗。唐玄宗实在受不了了,便瞒着父亲太上皇,一举将太平公主及其党羽清除了。

唐玄宗掌握大权后,开始革新政治。他针对当时的弊政,采取了裁汰冗官、精简机构、限制佛教势力等一系列措施。他还十分注重使用人才,选贤任能。唐玄宗即位后的第二年,来到新丰(治所在今陕西西安临潼区东北)检阅军队。按常理,皇帝出巡时,周边的州郡长官都得前往行营朝见。时任地方刺史的姚崇自然也是非去不可了。

姚崇到的时候，唐玄宗正在打猎。

"你会打猎吗？"唐玄宗问姚崇。

姚崇当即回答说："会，臣从小就会，现在人虽老了，但还可以打猎。"于是，他也加入了唐玄宗的打猎队伍。姚崇在猎场上的飒爽英姿，让唐玄宗称赞不已。

打猎结束后，唐玄宗又和姚崇商讨起国家大事。姚崇的侃侃而谈让唐玄宗再次对其刮目相看。"你来做我的宰相吧。"唐玄宗不禁发出邀请。姚崇知道唐玄宗胸襟宽广，而且锐意图治，便谢恩道："承蒙皇上厚爱，臣本当效力。不过，皇上得许我十件事，否则，臣不能接受。"

唐玄宗很奇怪："哦，那你说来听听。"

姚崇便将那十件事娓娓道来：一、用仁义之治来代替严刑峻法；二、停止对外扩张；三、即使是皇帝亲信犯法也应严格处理；四、禁止宦官参与政事；五、不准皇亲国戚在要害部门做官；六、禁止各地官员向皇室送礼；七、希望陛下对臣下以礼相待；八、允许群臣向皇帝谏诤；九、革除不正之风；十、将历代外戚专政记入史册，以作前车之鉴。

唐玄宗听后，一一应许。第二天，姚崇便正式上任为宰相。姚崇担任宰相后，果然才干出众，求实务实，政绩可观。

姚崇灭蝗

716年,山东等地发生了前所未有的特大蝗灾,成群飞舞的蝗虫遮蔽得百姓都见不着太阳了。

那时的人们迷信,认为这蝗灾是上天降给人类的灾难。为了消灾祈福,大家纷纷去烧香求神。结果,灾情不但没见消减,反而越来越严重了。

情急之下,身为宰相的姚崇向唐玄宗呈上了一份奏章。奏章中,他引经据典,驳斥捕蝗将导致灾难的无稽之谈,并认为蝗虫之灾定能消除。

唐玄宗对姚崇一向信任,当即便批准奏章,命姚崇负责治蝗。

姚崇利用蝗虫趋光的特点,下令各地百姓一到晚上就点起火堆,将蝗虫引来,然后集中捕杀。

第二年,蝗灾再起,姚崇又下令用同样的方法捕杀。有人开始拒不执行,还上奏皇帝说,蝗虫是天灾,人力根本无法抗拒,只有积德修行才是消除

蝗灾最有效的方法。

姚崇得知后,十分恼火,严厉回应道:"如果捕蝗真的导致灾难,这灾难我愿一人承担!"正因为有了这份坚定,姚崇最终才得以成功灭蝗,防止了大灾情的蔓延。

姚崇精明干练,尤其善于处理行政事务。有一次,姚崇因为儿子的丧事,请了十几天的假,朝廷政事交由另一位宰相卢怀慎暂行代理。不料,卢怀慎根本不知道该怎么做,惶恐之下,他只得向唐玄宗请罪。于是,姚崇不得不销假回朝,仅一会儿便将积压多日的事务处理完了。

从此,姚崇就有了"救时宰相"的称号。

历史微课

宋璟(663—737)邢州南和(今属河北)人。博学多才,擅长文学,为人正直,德才兼备。唐玄宗时,继姚崇之后担任宰相,一生为振兴大唐励精图治,与姚崇同心协力,辅佐唐玄宗开创开元盛世。后世将房玄龄、杜如晦、姚崇和宋璟并称为唐朝四大贤相。

盛世经济发展有道

唐玄宗即位之后，为了消除武则天、唐中宗时期遗留下来的奢靡之风，力主节俭，并以身示范。他在殿前销毁金银器物，并规定后妃以下不得穿戴锦绣、珠玉。

唐玄宗还下令精简机构，裁减多余官员，把武则天以来许多无用的官府机构一律裁撤，不但提高了效率，也节省了朝廷支出。

禁止奢靡之风，精简机构，有利于发展生产。为了进一步发展生产，唐玄宗又采取了一系列措施。首先是检田括户。自武周末年以来，贵族、豪强仗势侵占农民土地，使失地农民成了佃户、流民，并逐渐沦为大地主的"私属"。这不仅严重影响了国家的租庸调收入，更增加了农业生产的不安定因素。为了抑制土地兼并，促进农业生产的发展，开元九年（721），唐玄宗下令在全国范围内开展大规模的检田括户运动，意即检查"黑地"和豪强荫庇的"客户"。把查检出来的土地全部没收，按均田制分给无地的农民使用。对于账外人口，一律登记注册，就地入籍。检田括户历时四年，经过辛勤努力，国家增户八十八万，检出大量土地，使国家财政收入大大增加。

其次，兴修水利。唐玄宗也很重视农业，关心水利的修建。他在位期间，全国共兴建了五十六项农田水利工程，这可占去了整个唐代水利工程的百分之二十以上。这些水利工程对农业生产的促进作用是不言而喻的。

第三，垦荒屯田。唐代的屯田主要有两种，即军屯和民屯。前者多在边疆，后者多在内地。开元末年，全国民屯达到一千零四十屯，垦田面积则有五百万亩左右。垦荒屯田既增加了国家的收入，又招抚了流散的农民，同样有利于发展农业生产。

开元二年，唐玄宗下令削减全国的僧人和尼姑数量，最后使全国还俗的僧尼达到一万两千人之多，大大减少了国家的支出。

13 唐王朝由盛转衰

经过二十多年的太平盛世，唐玄宗的进取心渐渐泯灭，取而代之的是他那骄傲自满的心理，以及纵情声色、贪图安逸的生活状态。

734年，唐玄宗不听张九龄的劝说，任命"听话"的李林甫为礼部尚书。从此，忠臣贤才遭到排斥，无能小人受到重用，李林甫的势力则由此不断增强。

李林甫善于玩弄权术。他表面上对谁都是笑嘻嘻的，嘴里也像是抹了蜜似的，见谁都说好话；背后却千方百计地陷害他认为对自己有威胁的人。于是，当时就有人形容他是"口有蜜，腹有剑"，"口蜜腹剑"的成语由此而来。

也就是从这一时期起，唐朝开始由盛转衰。

皇上，您这个这个做得不对啊！
哼！
喊！
皇上，您那个那个做错啦！
这话我爱听。高兴、高兴……
GOOD
耶！
重赏李林甫！
PA
对、对、对！
皇上做得好，皇上英明啊！

口蜜腹剑第一人——李林甫

唐玄宗即位二十年，时任宰相是名臣张九龄。他深知李林甫的为人，因此，当唐玄宗提议让李林甫做宰相时，他极力反对。李林甫对此一直怀恨在心，虽然表面上依然唯唯诺诺，但暗中却在寻找机会扳倒张九龄。

当时，正值唐玄宗受武惠妃所惑，想要废除太子，张九龄表示坚决反对。于是，李林甫乘机在背后挑拨说："这纯属皇帝的家事，又何必让大臣参谋呢？"唐玄宗由此对张九龄的行为非常不满。

张九龄和中书侍郎严挺之关系很好，严挺之的前妻被休后嫁给了蔚州刺史王元琰。后来，王元琰贪赃被捕，严挺之出来为其辩护，于是，李林甫便诬陷严挺之徇私枉法。张九龄不服，为严挺之辩解，李林甫便诬告他是朋党为奸。最终，张九龄被贬了官，而李林甫成了宰相。

李林甫当上宰相后，第一件事就是把唐玄宗与百官隔绝，不许大家在唐玄宗

历史微课

张九龄(673或678—740)字子寿，韶州曲江(今广东韶关市西南)人，世称"张曲江"。青少年时期就才智过人，勤奋好学，志向远大。唐玄宗时期官至宰相，是唐朝有名的贤相，直言敢谏，选贤任能，敢与恶势力作斗争，为开元盛世做出了重要贡献。此外，张九龄还是一位才华横溢的诗人。

面前提意见。有一次,他把谏官召集起来,宣布说:"现在皇上圣明,做臣下的只要按皇上旨意办事,用不着大家七嘴八舌的。"他还说:"你们没见过立仗马(一种在皇宫前作仪仗用的马)吗?它们吃的饲料相当于三品官的待遇,但是哪一匹马要是叫了一声,便立即被免去上等待遇,到那时,后悔就来不及了。"

742年,李林甫被正式封为右相,左相则由李适之担任。李适之是唐太宗的曾孙,以精明能干著称。对想要独揽相权的李林甫而言,李适之无疑成了他要打压的又一个目标。

此时的唐玄宗,穷奢极欲,怠于政事,唐朝国库日渐空虚。唐玄宗让两位宰相想想法子。李林甫故意在李适之面前透露说华山有金矿,还不忘补充道:"如果开采得好,国库就有望充裕了!"

李适之虽然精明,但为人轻狂,听李林甫这么一说,没再多考虑便上奏唐玄宗。唐玄宗大喜,又去征求李林甫的意见。

李林甫窃喜,回复道:"这件事臣其实早就知道了,但又一想,华山乃是我朝王气之所在,怎么能随意穿凿呢?所以,臣没敢和陛下说。"

唐玄宗听后,更加深了对李林甫的好感,而李适之考虑问题如此草率,自然让唐玄宗极为不满。就这样,在李林甫的处处打压下,李适之最终辞官华山有金矿。

而去。

747年，唐玄宗令各地通一艺以上者到长安赴试，以求人才。李林甫不录取一人，反而大言不惭地向唐玄宗道喜："陛下圣明，民间已无人才遗留了。"

李林甫在职十九年间，任用奸佞，排挤贤臣，唐朝也就是在这个时期由兴旺走向了衰败。

从此君王不早朝

晚年的唐玄宗像变了一个人似的,英明全无,拒谏饰非,宠信宦官,纵情声色。天宝年间后期,政治混乱,社会矛盾日益尖锐。此时的唐玄宗仍然浑然不觉,终日与杨贵妃缠绵宫中。

杨贵妃,小字玉环,生于成都,长于洛阳。杨玉环从小能歌善舞,通晓音律。传说她在观赏洛阳牡丹时,百花为她的美貌而失色,羞愧地合上了花瓣,"羞花"由此得名。

杨贵妃原本是唐玄宗的儿媳妇。735年,一次偶然的机会,唐玄宗的儿子寿王李瑁对杨玉环一见钟情,并将她带入皇宫。杨玉环就这样成了寿王妃。

737年,深受唐玄宗宠爱的武惠妃病逝,唐玄宗从此郁郁寡欢。宦官高力士为了讨主子欢心,便四处寻觅可以代替武惠妃的人选。最终,高力士选中了寿王妃杨玉环。

740年,唐玄宗在骊山温泉宫召见了杨玉环。唐玄宗对杨玉环极为满意。可是,杨玉环毕竟是唐玄宗的儿媳,这要传出去,难免会引来种种非议。

为了掩人耳目,唐玄宗让杨玉环先乞请做女道士,为太后荐福,并亲赐法号"太真"。于是,杨玉环正式与寿王离异,名正言顺地住进了皇宫。

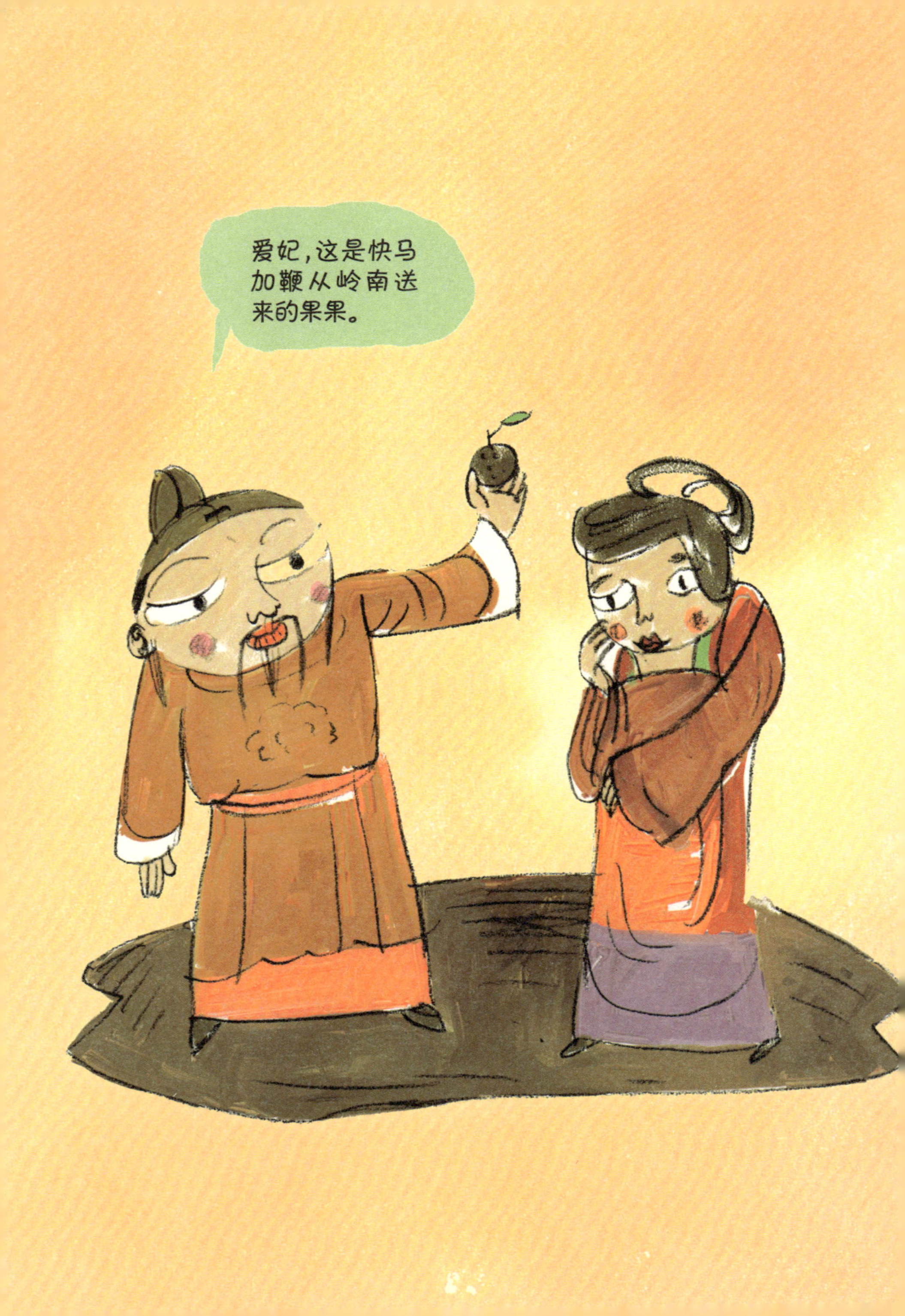
爱妃，这是快马加鞭从岭南送来的果果。

745年七月,唐玄宗特意为寿王李瑁另立了新王妃。八月,杨玉环便被正式册立为贵妃,地位仅次于皇后。从此,唐玄宗和杨玉环每日形影不离,正如唐代著名大诗人白居易在脍炙人口的叙事长诗《长恨歌》中所写:"回眸一笑百媚生,六宫粉黛无颜色。""春宵苦短日高起,从此君王不早朝。""后宫佳丽三千人,三千宠爱在一身。"

杨贵妃非常善于迎合唐玄宗的心意,唐玄宗对杨贵妃也是宠爱有加。杨贵妃喜欢吃荔枝,唐玄宗便不惜人力物力,每年都命岭南驰驿快马加鞭传送,即使盛夏酷暑,送到长安的荔枝依然色味完好。

唐玄宗对杨贵妃的宠遇也惠及了她的族人,不但她的三个姐姐被封夫人,就连她那不学无术的堂兄杨国忠也被封了官,甚至跃升宰相。

有了杨贵妃的陪伴,唐玄宗一味沉醉于声色,而对军国大政早已无心过问。唐王朝的盛世由此渐衰。

14. 安禄山叛乱

唐玄宗即位后,为加强边境的防御,在重要的边境地区设立了藩镇。藩镇长官被称为节度使。节度使可带领军队,并兼管行政和财政,权力很大,地位也很重要。

在唐朝众多的少数民族将领中,安禄山可以说是最有名的一位了。他不仅具有出众的军事指挥才能,而且善于玩弄政治权术。

安禄山在骗取了唐玄宗和李林甫的信任之后,得任平卢、范阳、河东三镇节度使,并于755年十一月,与史思明一道,以讨伐杨国忠为名,起兵叛唐。而此时的唐室正值衰退之时,于是,安禄山仅用不到两个月的时间,便轻而易举地攻陷了东都洛阳。

第二年,安禄山自称雄武皇帝,改国号为燕。

嘿！这是什么鬼地方？

这里是藩镇啊！

你又是何许人也？

我是藩镇的长官，节度使！

节度使是干什么的？

我的权力很大，地位很高，身份很显赫，可以带兵打仗，兼管行政和财政。我真的很牛啊！

安禄山其人

安禄山，营州柳城（今辽宁朝阳）人。父亲是胡人，母亲是突厥人，自小随母亲在突厥部落长大。安禄山年轻时在部落里从事"互市牙郎"（即牲畜买卖说合人）的工作，练得一口伶牙俐齿。唐朝招募少数族人为边防军士时，安禄山投军。安禄山以骁勇善战著称，深得幽州节度使张守珪宠信，并将他收为养子。

740年，安禄山升任平卢兵马使。742年，又升任平卢节度使。

安禄山不识汉字，却能对汉族官场的权术无师自通。比如"送礼"，打从一开始，安禄山便已操作得非常熟练了。每次唐朝使者去访，他都不惜重金巴结，连带使者的左右随从都会收到重礼。

安禄山中年以后肥胖异常，肚子凸起，体重达三百斤。一次，安禄山进宫拜见唐玄宗，唐玄宗指着他的肚子开玩笑道："不知你这肚里装的是些啥东西？""没别的，只有对陛下您的一片忠心

> **历史微课**
>
> **节度使** 唐宋时期地方军政长官的名称，相当于现在的一省省长兼省军区司令员，唐代开始设立。初设时，作为军事统帅，主要掌管军事，防御外敌，而没有管理州县民政的职责，后来渐渐总揽一区的军、民、财政于一身，到唐朝末年形成了藩镇割据的局面，最终导致唐朝灭亡。

啊！"安禄山应声而答，说得唐玄宗满心欢喜。

安禄山第一次朝见太子时，假装不认识太子，也不下跪磕头。左右让他磕头，他却故意说："我是胡人，不清楚朝廷的礼数，也不知太子是个什么官来着。"

"太子是储君，是以后接替朕的皇位的人。"唐玄宗特意对其解释道。

于是，安禄山赶忙倒身下跪，并表示自己实在太笨，不知还有储君。唐玄宗见状，以为安禄山确实忠厚，便对他越发信任了。

安禄山骗取了唐玄宗和李林甫的信任后，便开始秘密扩充兵力，提拔猛将，还广泛结交朝官，积极准备造反。

755年十一月，安禄山见时机已经成熟，便召集诸将，假造唐玄宗"密旨"，借"去长安讨伐杨国忠"为名，带领十五万步骑兵南下，一举占领了洛阳城。

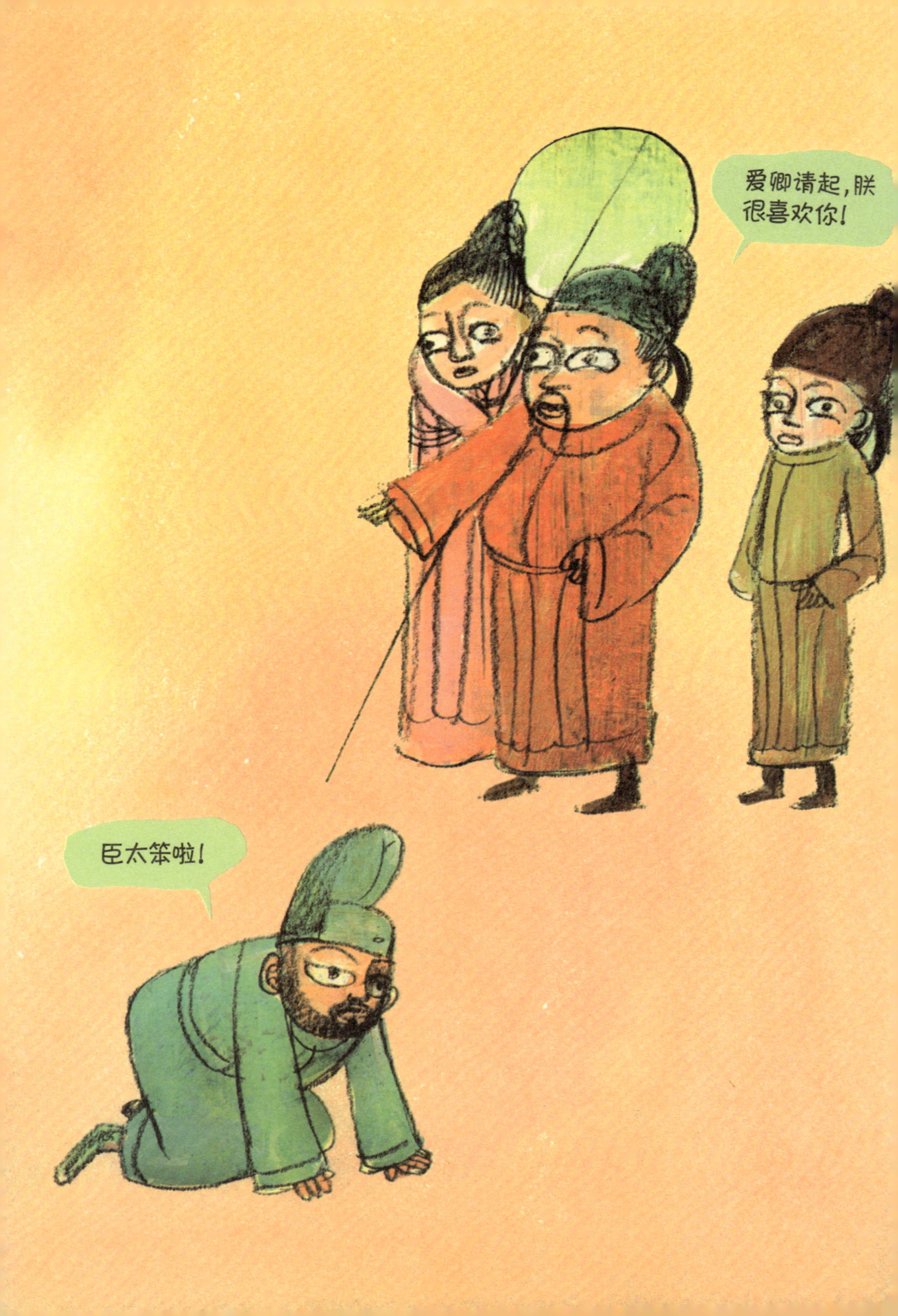
爱卿请起，朕很喜欢你！
臣太笨啦！

老将哥舒翰泪洒潼关

潼关是当时长安防线的最后一道关口，那里地势险要，道路狭窄。唐玄宗派了老将哥舒翰带领重兵把守。潼关的守军每天晚上都会在烽火台上烧起一把火，作为平安的信号。关里的烽火台接到信号后，也会相继烧起"平安火"，一直传到长安，好让长安的百姓放心。

安禄山叛军的部将崔乾祐在潼关外屯兵半年，还是没能攻进去。为了诱敌，叛军有意在潼关东面部署一些老弱病残的兵力。朝廷侦察到这一情况后，催促哥舒翰发动进攻。但哥舒翰认为：叛军远道而来，对他们来说，速战当然是最有利的；而唐军据守险要，关键应是坚守。更何况，现在的叛军四面受敌，兵力日减，接下来肯定还会有内变。所以，唐军只需等待时机。

然而，朝中的宰相杨国忠却反对这样做。他因为担心自己的宰相之位会被哥舒翰夺走，便在唐玄宗面前说潼关外的叛军已经

历史微课

潼关 位于陕西省潼关县东北，始建于东汉末年。东汉末年，函谷关废弃，潼关取代了函谷关的作用。潼关地势险要，位居山西、陕西、河南三省边界，扼长安至洛阳驿道的要冲，是进出长安之钥匙，所以成为汉末以来东入中原和西出关中、西域的必经之地及关防要隘，历来为兵家必争之地。

不堪一击,哥舒翰守在潼关按兵不动,只会丧失歼灭叛军的时机。

昏庸的唐玄宗竟然听信了杨国忠的话,接二连三地派使者赶往潼关,催促哥舒翰带兵出潼关。哥舒翰没办法,捶胸痛哭之后,迫不得已出了关。

双方在潼关以东的一处狭隘地带会战,最终,唐军全军溃败。哥舒翰本想收拾残兵再战,没想到,他的部下先乱了起来。叛军乘胜打进潼关,哥舒翰被俘。

马嵬驿诀别

潼关失守,哥舒翰派人到长安告急,唐玄宗这才感到形势危急,连忙召来宰相杨国忠,让他想办法。

杨国忠又把文武百官召集起来商量,可谁也不知道该怎么办。于是,杨国忠只好劝唐玄宗暂时退到蜀地去躲避一下。

第二天一大早,唐玄宗便带上贵妃及其姐妹、皇子皇孙,还有几个亲近的大臣和宦官,在将军陈玄礼和禁卫军的护送下,悄悄逃离了长安。可怜那些毫不知情的官员,还去上朝候驾呢!

当晚,唐玄宗一行好不容易逃到了离长安八十五里的金城县,本想可以好好休整一下,却发现此地的县令早已逃跑。无奈之下,他们决定在空城里住上一晚,等第二天天亮再上路。

唐玄宗继续走走停停,756年六月十四日,不知不觉来到了一个名叫马嵬(今陕西兴平西,"嵬"读"wéi")的驿站。随行的将士们又饿又累,实在走不动了,唐玄宗只得进站略作休息。

想到现在的处境全是由杨国忠这样的奸佞之人造成的,将士们别提有多恨他了。正巧这个时候,有二十多个吐蕃使者拦住杨国忠的马讨要食物，于是，周围的士兵趁机嚷嚷道："杨国忠和胡虏合谋造反了！"

他们一边嚷，一边开始放箭。杨国忠的马先倒下了，接着，杨国忠也被乱刀砍死了。但士兵们还是觉得不解气，乘势冲入驿站，将杨国忠的姐妹韩国夫人、秦国夫人以及杨国忠的儿子等都杀了。

情绪激动的士兵们还把唐玄宗住的驿馆围了起来。唐玄宗听见外面的喧哗声，便让高力士去问个究竟。高力士找到陈玄礼，陈玄礼回答说："杨国忠谋反，杨贵妃也不能再留在皇上身边了。"

唐玄宗听了高力士的回话，顿时犯了难。他怎么舍得杀自己如此宠爱的妃子呢？沉默半晌后，唐玄宗才缓缓开口说："贵妃久居深宫，又怎会知道杨国忠谋反之事呢？"

高力士明白，若不杀杨贵妃，就无法平息士兵们的怨气，于是上前劝谏道："贵妃虽无罪，但将士们已经杀了杨国忠，要是贵妃还留在陛下身边，让将士们如何安心呢？还请陛下三思！毕竟只有将士心安了，陛下才能安全。"唐玄宗这才终于下了狠心，挥手让高力士去处治。

高力士将杨贵妃带到驿舍内一座佛堂前的梨树下，奉上帛带请她自缢。事后，高力士命人将贵妃的尸体运回，放在驿站的庭院里，盖上绣被，让将领来验尸。确认杨贵妃已死后，将士们才总算消了口气，在唐玄宗的安慰下散去了。

马嵬兵变后，唐玄宗逃往川西，太子李亨则退回西北，在灵武（治所在今宁夏灵武西南）即位，是为唐肃宗。

15 "安史之乱"后半场

757年正月的一天晚上,安禄山的儿子安庆绪杀死父亲,夺得皇位。然而,登上皇帝宝座的安庆绪根本无心管理朝政,只知享乐。这给唐军提供了反攻的机会,一年多的时间,唐军便收复了沦陷的长安和洛阳。

接着,便是继安禄山叛乱之后,"安史之乱"的另一个阶段,其主角是安禄山的部将史思明。奸诈的史思明先投降于朝廷,再反叛以助安庆绪解邺城(今河南安阳、河北临漳一带)之围,而后又设计杀死安庆绪,自称大燕皇帝,并在半年以后再度攻占洛阳。

也就在同一时间,叛军内讧,史思明被儿子史朝义所杀,唐军再次收复洛阳。史朝义最终走投无路,上吊自杀了。

至此,持续近八年的"安史之乱"终于平息。

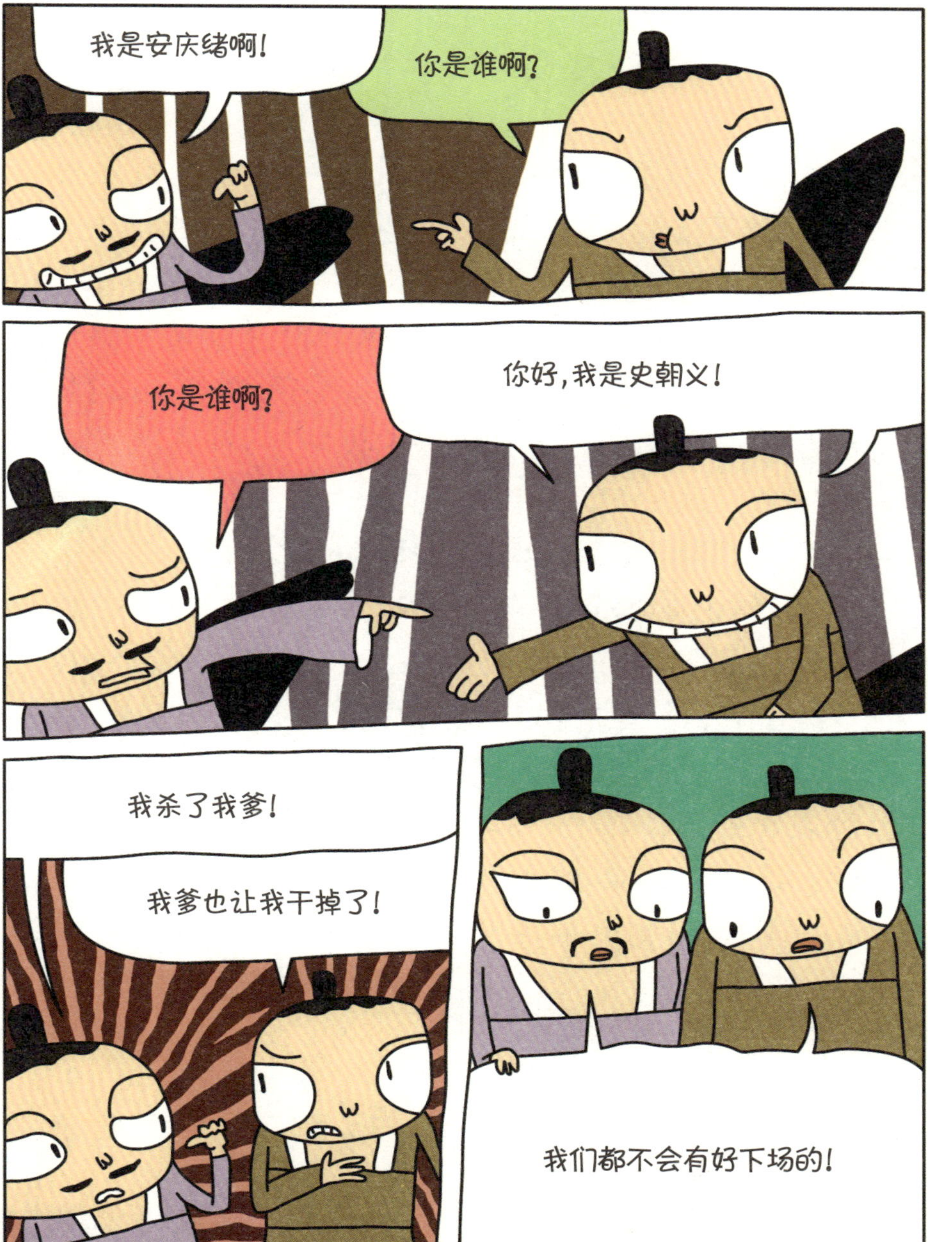
我是安庆绪啊!
你是谁啊?
你是谁啊?
你好,我是史朝义!
我杀了我爹!
我爹也让我干掉了!
我们都不会有好下场的!

草人"借"箭

安禄山叛军攻陷长安后,唐军将领相继投降了,唯有真源县令张巡依然坚守雍丘(治所在今河南杞县),拼死抵抗。

面对叛军一次次的进攻,张巡总是带领士兵们上城头放箭,将叛军逼退回去。然而,次数一多,箭也就越用越少了。"怎么办呢?没有了箭,怎么对付叛军呢?"张巡心急啊!

一天夜里,雍丘城头突然间出现了成百上千个黑影,他们看似正在向下移动。叛军士兵见状,急速通报其将领。叛军将领认为那一定是张巡派兵准备偷袭,便立即命令所有士兵一齐向城头放箭。

直到天色微亮,叛军才发现,那根本不是准备偷袭的士兵,只是一些草人罢了。叛军将领眼睁着雍丘城头张巡的士兵们不亦乐乎地收获着插满箭支的草人,后悔得不得了。

几天后，城墙上又和那天夜里一样，布满了黑影。叛军以为唐军又想用同样的招数骗取箭支，便没有理会。

叛军怎么也没想到，张巡这次可是动了真格的。城墙上爬下来的不是草人了，而是张巡派出的五百名勇士。他们乘叛军不备，向其大营发起了突然袭击。几万叛军来不及抵抗，就四下乱逃了。

此后，叛军便驻扎在雍丘北面，不断地骚扰张巡的粮道。尽管两军的兵力相差悬殊，叛军兵力远远多于张巡的士兵，但是，智勇双全的张巡总能带领士兵打胜仗。

连麻雀、老鼠也被吃完了

叛军中有一个名将叫尹子奇。有一天,他突然带着十三万大军行进到睢(suī)阳(治所在今河南商丘)附近。睢阳告急,张巡主动出击,在睢阳城外和叛军连续激战十六天,杀得叛军不得不狼狈退兵。

两个月后,尹子奇再次调动军队围城,张巡守城不出,两军就一直相持着。

"这样下去也不是办法呀……"张巡总觉得该做些什么。

一天晚上,他让士兵在城里敲起战鼓,装作要出击的样子。城外的叛军听到鼓声,赶紧戒备,可是,一直等到天亮也没见唐军出城。尹子奇觉得很奇怪,派人上高处去察看,结果发现城里静悄悄的,一点动静都没有,于是传令士兵卸下盔甲休息。紧张了一夜的叛军将士们,一倒在地上便呼呼大睡起来。

谁料,就在叛军睡得正香的时候,城门突然大开,冲出来十多支精干的骑兵队伍,分头突袭叛军军营。叛军没有防备,顿时阵脚大乱,一下子便被消灭了五千多人马。

叛将尹子奇是个狡猾的家伙,为了不让唐军认出来，平时上阵总和一般将士装备得一模一样。不过，一心想要射杀尹子奇的张巡还是想出了办法。他趁两军对阵的时候，故意让士兵射出一支芦苇。叛军士兵拾到芦苇，以为城里官军的箭已经用完了，便连忙去向主将尹子奇报告。于是，张巡也就找到了目标，他赶紧令部将南霁云瞄准尹子奇，一箭射中了尹子奇的左眼。叛军见主将受伤了，也就无心再恋战，纷纷后退，围城宣告失败。

遭受如此打击的尹子奇怎肯罢休！养伤还不到两个月，便又率领数万大军重围睢阳城。这次，张巡见敌我兵力过于悬殊，便决定死守城池。

针对叛军的"飞云梯"，张巡命士兵用钩杆将云梯顶翻，随后再从城上投火把将云梯烧毁。叛军用云梯攻城的计划就这样失败了。接着，叛军又用钩车、木马攻城。不过，当他们靠近城墙时，张巡一声令下，城上乱石飞下，钩车、木马便被砸得七零八落。

一次又一次的攻城计划都失败了，尹子奇无奈，最终只好选择死死围困睢阳。睢阳城本来就存粮不多，所以没过几天，城里便断了粮。但张巡还是坚持每天巡视，激励将士们要为国效忠。城里的百姓也被张巡的这种精神感动了，他们也和将士们同甘苦：杀战马，煮树皮，甚至连麻雀、老鼠也捉来充饥。

最后，城里只剩下了四百多人，而且都已饿得站不起来。叛军终于登城，张巡被捕。

"听说你每次作战都是咬牙切齿的，这是为什么？"尹子奇问张巡。

张巡愤然说道："我曾立志要消灭叛贼，可惜力不能及！"

尹子奇对张巡甚为佩服，本想放他一条生路，可有人却不放心："张巡是个守节的人，而且又那么得人心，为防后患，非杀不可啊！"于是，张巡被杀了。

历史微课

颜杲卿(692—756) 在抵御"安史之乱"的过程中，有一人与张巡齐名，他就是颜杲卿。颜杲卿是大书法家颜真卿的哥哥。"安史之乱"时，颜杲卿任常山(今属河北)太守，与儿子颜季明一起抵抗叛军，并大败叛军，激励河北各郡县起兵响应。后因寡不敌众而被俘虏，颜杲卿宁死不屈，瞋目怒骂安禄山，最后被杀害。他忠节不屈的精神为后世所称颂。

李光弼料事如神

759年,围攻邺城的二十多万唐军奉命掉头,准备与从河北方向赶来的史思明叛军决战。由于这支大军的指挥者鱼朝恩是个完全不懂打仗的宦官,所以各路军队还是各自为战,毫无统一性可言,结果自然也就打了败仗。

狡猾的鱼朝恩把失败的责任全推给了朔方节度使郭子仪,并乘机劝唐肃宗撤了郭子仪的职,而改用河东节度使李光弼。

打了胜仗的史思明则开始忙于吞并安庆绪的余部。他用了近半年的时间巩固后方,尔后才开始向洛阳方面进攻。

其实,史思明早在两年前进攻太原时,就曾和李光弼交过手。因为那时被打败了,所以这次他一心想要和李光弼再大战一场,以报当年一箭之仇。

史思明先是派猛将前去城下挑衅,结果猛将被杀了。然后,他又想到了"以马诱敌"之计,即令部

历史微课

李光弼(708—764) 营州柳城(今辽宁朝阳)人,契丹族。唐朝名将。曾任河西节度副使、朔方节度副使等职。安禄山叛乱,任河东节度使,后接替郭子仪任天下兵马副元帅,主持平叛大局。李光弼拥有杰出的军事才能,在平定"安史之乱"的过程中发挥了重要作用。《新唐书》称赞李光弼在平息"安史之乱"中"战功推为中兴第一"。

下每天早上将大批良马赶往河边饮水,以诱唐军渡河夺马,然后乘机击败唐军。

李光弼见河对岸叛军的马匹大部分是公马,便集中了军中的母马,然后将它们赶去河边饮水。结果可想而知,公马一听到母马的嘶叫声,便纷纷跑向唐军这边。

史思明的计谋不但未能得逞,而且还白白丢失了军马,气得不行。愤怒之下,他又下令在上游排列战船,并将最前头的船点上火,然后任它们顺流而下,准备烧毁李光弼架在黄河上的浮桥。

可惜,这一计谋又被李光弼预料到了。李光弼叫士兵用顶端带叉的长竿叉住火船,不让叛军的战船靠近。同时,他又命士兵在岸边使用"抛石器",把叛军的战船全都砸沉了。

史思明接连失策,心里别提有多恼火了。一发狠,他集中强大兵力直攻洛阳外围重镇河阳(治所在今河南孟州西)南城,并同时命部下周挚进攻河阳北城。

李光弼登上城楼,察看敌情后,便下令部将坚守南城,自己则率主力部队出北城与叛军决战。出战前,李光弼郑重地宣布了一道军令:"到时候,你们看我的指挥大旗行动。大旗缓慢挥动,表示可以自由掌控行动;大旗往下猛挥三下,表示要奋勇向前,后退者杀!"

接着,他拿出一把匕首插入靴筒,说道:"我身为一国大臣,决不能死在叛贼手里!如果你们都战死在了前线,我就自杀!"

在李光弼的激励下,唐军全军上下奋勇杀敌,打得叛军纷纷溃退。

还在进攻南城的史思明得知北路已经大败,也就不敢再战了。情急之下,他率军逃回了洛阳。

16 藩镇割据

安史之乱以其党羽纷纷向唐朝投降而收场。朝廷因为没有能力彻底消灭残余势力,便以赏功为名,授予他们的头目"节度使"称号,并将原来属于安、史的地盘分置给他们管理。名义上,他们分管的地盘是唐朝的藩镇,实际上,它们是一个个独立的小王国。

部分藩镇节度使既不服从朝廷的命令,也不向朝廷交纳贡品和赋税,有的甚至仗着自己还有点实力,割据叛乱,与朝廷分庭抗礼。唐朝最终就是被强藩之一的朱温所灭。

我当了这藩镇长也没啥油水啊！还是要交那么多的贡品。

你的镇子太小，实力不行！

那是那是，凭朱镇长的实力，完全可以跟朝廷抗衡！

嘿嘿嘿……

大爷我从来就不向朝廷进贡！

一语惊醒梦中人

762年，唐肃宗死后，他的儿子李豫即位，为唐代宗。吐蕃趁唐朝西部边境空虚之际前来攻打，一路直逼长安。为抵抗吐蕃进攻，唐代宗情急之下，请来了当年被父皇撤职的郭子仪。郭子仪果然不负众望，再立战功，并重新被封为副元帅。

一年后，吐蕃兵又逼近了邠州（治所在今陕西彬县，"邠"读"bīn"）。这次，郭子仪派了他的儿子郭晞带兵前往协助防守。没想到，郭晞竟仗着父亲的威望变得骄傲起来。他根本无心管理军队，其士兵的纪律异常松散，有的士兵甚至还与邠州当地的地痞流氓勾结，整天为非作歹，郭晞却权当不知道。

这可让时任邠州节度使的白孝德犯了难。他自己本来也是郭子仪的老部下，怎么敢去管郭家的人呢？

泾州（今甘肃泾川北）刺史段秀实听说此事后，便主动要求拜见白孝德。白孝德对段秀实

历史微课

郭子仪（697—781）华州郑县（今陕西渭南华州区）人。唐朝大将，世称郭令公。安史之乱爆发后，郭子仪率军收复河北、河东，攻克西京长安、东都洛阳，为平定安史之乱立下大功。安史之乱平定后，仆固怀恩叛变，纠合吐蕃、回纥攻击唐朝，郭子仪单骑说退回纥，并说服回纥与唐联合，共同击败吐蕃。史书称他为"再造王室"。唐德宗时，被尊为尚父。

的才能早已有所耳闻,自然也很乐意接见他。

"我看您这儿这么乱,作为'邻居',心里有些不安,所以特来向您要个一官半职,好来帮您管理地方治安。不知可否?"段秀实直接讲明来意。

白孝德拍手称好:"太好了,我正求之不得呢!"

一天,郭晞的士兵在街上的一家酒店里喝酒闹事,不但不给钱,还把店家的酒桶全砸坏了。段秀实得知后,立刻派人将闹事者抓了起来,就地正法。老百姓看到后,个个叫好。

不过,郭晞军营的士兵们听到这一消息后,可就不得了了。他们立马穿戴好盔甲,嚷着要和白孝

德的部队决战。

白孝德害怕了,而段秀实却像没事人一样,还自告奋勇地前往郭晞军营。白孝德准备给他派几十个士兵,也被他拒绝了。他卸下佩刀,只带了一个拉马的老兵就出发了。

来到杀气腾腾的郭晞军营,段秀实依然一副泰然自若的样子。见了郭晞,他便作了个揖,说道:"郭令公立下那么大的战功,受到那么多人的敬仰,而您现在却如此纵容士兵的不法行为,您就不怕把郭家的功名全给败坏了?"

郭晞听后,如梦初醒,立即传令全军士兵卸下盔甲,严令禁止闹事。自此,郭家军又恢复了严明的纪律,邠州地方的秩序也趋于安定。

就是要出奇制胜

814年，淮西节度使吴少阳病死，他的儿子吴元济继任。吴元济不但与朝廷为敌，而且还到处烧杀抢掠，使百姓无法好好生活。于是，唐宪宗李纯决定发兵征讨吴元济。

花了整整三年的时间，耗费了大量财力，最终唐军还是失败了。朝中有越来越多的官员认为，这仗不能再打了，唯独大臣裴度坚持认为，吴元济不可不除，应该继续征讨。

817年，唐宪宗派大将李愬(sù)担任唐州（治所在今河南唐河）等三州节度使，要他攻下吴元济的老巢蔡州（治所在今河南汝南）。

李愬到了唐州，一开始就向当地官员宣布说："我是来安顿地方秩序的，至于打不打吴元济，不关我的事。"

唐州的军队接连打了几次败仗，士气低落。李愬便一家家亲自登门慰问，将士们很是感激。

后来，李愬在一次小战役中俘获了吴元济的手下猛将丁士良。士兵们都说应该杀了他，可李愬不但没有杀他，而且还给他官做。丁士良很受感动，主动献计献策，帮助李愬打下了淮西的据点文成栅。

同年十月的一个晚上,天黑黑的,北风刮得厉害,鹅毛般的大雪越下越密。李愬率精兵九千,从文成栅出发,连夜急行军一百三十里,直奔蔡州。

而此时,吴元济的精兵正在外地防守边境,留守蔡州的只是一些老弱残兵。唐军都已经爬上城墙了,他们却还没有察觉。

天已蒙蒙亮,雪也停了,吴元济还在屋里睡大觉呢。殊不知,唐军早已占领了他的外院。

"不好了,官军来了!"有士兵来报。

吴元济懒洋洋地躺在床上,笑道:"一定又是那些犯人在闹事了,等天亮,看我怎么收拾他们。"

"我们已经被官军包围了!"又一个士兵气喘吁吁地冲进来报告。

"不会吧!可能是外地驻军来要寒衣的吧?"吴元济这才起了床。

忽然,一阵吆喝,李愬的传令声响起。吴元济完全清醒了,他立即带领身边的士兵开始竭力抵抗。不过,在唐军的猛烈进攻下,内院最终还是被攻了下来。吴元济无奈之下只好投降。

至此，淮西之乱告终，唐代藩镇割据的混乱局面也总算得到了改变。

17 欺压主子的奴才

宦官,是直接服务于皇室的阉人。皇子们从小就和宦官走得很近,日子久了,也就对宦官产生了亲近感和信任感。宦官们深谙皇室成员的好恶性情,对朝中事务更是了如指掌。

唐代宦官势力的膨胀是从唐玄宗后期开始的。由于唐玄宗特别倚重宦官,宦官人数增加到三千人。其中,最著名的、最受唐玄宗宠信的内侍叫高力士,太子管他叫二兄,他对一些小事有完全的决定权。

安史之乱后,唐肃宗李亨任用宦官统帅禁军,唐代宗又让宦官掌管机密、承诏宣旨。宦官的权势越来越大,最终连皇帝也不得不受其操纵。

做了宦官可以结婚吗?

可以!

能生孩子吗?

不能!

不能生孩子不就断子绝孙了吗?

不能生孩子可以领养孩子啊。何况我可以和皇子们跳皮筋,让皇上听我的话,精神生活还是相当丰富的!

长安的"五坊小儿"们

唐朝后期，宦官们的权势越来越大。

贪得无厌的宦官们想着法子欺压和剥削老百姓。他们在长安设有"五坊"，即专门用来替皇帝养雕、鹘、鹞、鹰、狗的场所。在五坊里当差的宦官便被叫作"五坊小儿"。他们是些吃饱了饭没事干的家伙，只知道敲诈勒索当地百姓。谁要是惹上了他们，准没好果子吃。

五坊小儿最常去的地方便是街上的酒家，而他们又是酒家主人最怕见到的人。因为只要他们出现，主人就得乖乖地端上好菜，倒上好酒，而且还不能要酒钱。谁要是向他们去讨酒钱，那就只有挨骂、挨打的份儿了。

有一次，一群五坊小儿来到街头的一家酒店。吃饱喝足之后，他们把店主叫到桌前，指着桌上的一个袋子说："今天大爷们没带钱，就把这袋蛇押在这儿了。这可是宫里用来捉鸟

历史微课

宫市 与五坊小儿同时存在的还有宫市。宫市，又叫白望，是唐德宗年间（780—804）派宦官在长安购买民间货物的一种方式。一般来说，宫廷里需要的日用品，由官府向民间采购。唐德宗时期开始，改为由宦官直接办理，不携带任何文书和凭证，看到需要的东西，随意付给很少的钱物，还要货主送到宫内。这一弊政给城市商人和近郊农民造成深重苦难。

的蛇,你得小心侍候,万一有个什么差错,你的脑袋也就别想保住了。"

只见店主在一旁吓得直哆嗦:"大爷……您还是……还是把这蛇带走吧,酒钱咱……咱就不要了。"

五坊小儿的胡作非为实在令人痛恨,可在宦官专权的年代,谁都拿他们没办法。

我们是五坊小儿!

甘露之变

827年，唐文宗李昂即位。每每想到祖父唐宪宗、兄长唐敬宗都是为宦官所杀，自己又在宦官的操纵之下过日子，唐文宗心里实在气恼，于是下定决心要除掉宦官。

当时担任右神策军中尉的宦官王守澄，是参与杀害唐宪宗李纯的主谋，他因为拥立唐穆宗李恒、唐文宗李昂有功，横行朝廷，甚为嚣张。

830年，唐文宗任命宋申锡为宰相，令他谋划诛锄宦官之计。但因事机泄密，宋申锡反被诬陷谋反，计划失败。

不过，唐文宗并未因此动摇诛锄宦官的决心。834年，医术高明的郑注和善讲《周易》的李训得到王守澄引荐，来到唐文宗身边，并先后成了唐文宗的亲信。

唐文宗以郑注为翰林学士，兼工部尚书；李训任翰林学士、礼部侍郎同平章事。第

历史微课

神策军 神策军最初是一支西北戍边军队，由陇右节度使哥舒翰在唐天宝年间设立。安史之乱爆发后，神策军赴中原平叛。不久吐蕃进犯长安，唐代宗出奔，宦官鱼朝恩率神策军护卫有功，后成为中央禁军。神策军的职责是保卫京师、宿卫宫廷，以及征伐叛军。其首领最初由武将担任，唐德宗时期，宦官统领神策军成为定制。神策军是唐代中后期最重要的一只禁军，地位超群，但后期渐渐腐化，战斗力下降。黄巢起义军攻陷长安后，神策军溃败，不久遂废。

二年，李训升任为宰相，郑注则被授予凤翔节度使，以京师外援的身份开始逐步打击宦官。

李训、郑注二人利用宦官内部的派别争斗对其进行分化瓦解，然后再分而治之。他们先后杀了大宦官韦元素、杨承和、陈弘志等，又设计杀了宦官头目王守澄。不过，更难对付的宦官势力还在后头，那就是王守澄的手下仇士良。

835年十一月二十一日，紫宸殿早朝开始，文武百官分班就列。左金吾卫大将军韩约上殿启奏道："启禀皇上，在左金吾卫衙署院里的石榴树上，昨天晚上降了甘露。"

要知道，天降甘露在当时是被视为好兆头的。李训当即带头称贺说："夜降甘露，这可是天赐吉兆。皇上应该亲自去观赏一下。"

于是，唐文宗起驾来到了含元殿。唐文宗让李训先去察看。这一切，其实都是李训安排好的。不一会儿，李训回报："臣怀疑那可能不是真的甘露，实在不敢妄下定论，请皇上派人再验。"

于是，唐文宗派仇士良前去察看。

仇士良可不是一般人物。他一进大门，只听到一声极其微弱的金属撞击声，便感觉不妙，立马夺门奔回含元殿，控制了唐文宗。满朝臣僚一时惊散。

仇士良挟持唐文宗退入内殿后，立刻派遣五百名神策军从紫宸殿杀出，大大小小官员被砍死的有六七百人。接着，又关闭城门大行搜捕，大肆屠杀，杀死金吾卫士、吏卒近千人。

李训见预谋已败露，便化装出逃，结果走投无路，还是被杀了。正要带兵进京的郑注也在半路被宦官杀死。至此，唐文宗与李训、郑注谋划的诛锄宦官的计策彻底失败。

这便是历史上极为惨烈的宫廷流血事件——"甘露之变"。

"甘露之变"以后，由于官吏大批遭杀，朝臣空员极多，无人理事。宦官更加专横，皇帝更加受辱，唐文宗不久即含恨而死。

持续了近四十年的"牛李党争"

唐朝中后期,官僚阵营内部由于政见不同,也矛盾重重。他们拉帮结派,明争暗斗,其中最有名的就是"牛李党争"了。

这场持续了近四十年之久的争斗,还得从唐宪宗李纯在位时开始讲起。

808年,长安举行考试,选拔人才。应试者中有两个人对朝政之事做了批评:一个叫李宗闵,一个叫牛僧孺。考官也就选中了这两个人,并把他们推荐给了唐宪宗。

不料,宰相李吉甫得知这一消息后很不高兴。他因出身士族,本来就瞧不起科举出身的,现在居然又有两个出身低微的人斗胆批评朝政,他自然更加接受不了。于是,他在唐宪宗面前诬陷他们与考官串通。唐宪宗听信了李吉甫的话,不但没有提拔李宗闵和牛僧孺,还把几个考官降了职。

唐穆宗李恒即位时,李宗闵已在朝廷做官。后来,他又因一桩徇私舞弊案的牵连而被贬去外地。由于这事是由翰林学士李德裕经手的,而李德裕又正好是李吉甫的儿子,所以李宗闵始终认为这是李德裕存心排挤他。从此,李宗闵、牛僧孺一派便和李德裕一派斗上了。

到了唐文宗时期，李宗闵先是自己做了宰相，尔后又向唐文宗举荐了牛僧孺，并把他也提拔为了宰相。于是，两人合力将李德裕调出京城，让他做了西川（治所在今四川成都）节度使。

一个偶然的机会，李德裕收复了重镇维州（治所在今四川理县东北）。这本该是李德裕的一大功绩，可牛僧孺却说："这怎么能算功绩呢？失去维州事小，与吐蕃伤了和气才是大事啊！"

就因为牛僧孺的一句话，唐文宗又让李德裕把维州还了回去。这事把李德裕气坏了。后来，又有人告诉唐文宗说，退还维州这件事是牛僧孺排挤李德裕的手段。唐文宗听后很懊悔，便开始疏远牛僧孺。

其实，唐文宗本人也闹不清孰是孰非，每次提到这件事也只能无奈叹气："这可比平定河北藩镇要难多了！"

唐武宗时，李德裕当上了宰相。牛僧孺、李宗闵的日子自然就不好过了，很快，他们便被贬去了南方。

846年三月，唐武宗病故，唐宣宗即位。牛僧

> **历史微课**
>
> **翰林学士** 翰林院最初是唐朝初年设立的、用以招纳各种人才的机构。唐玄宗时期，为了保守机密和应付急需，设置了翰林学士院，挑选擅长文辞的朝臣入居翰林起草诏书，这些人被称为翰林学士。后代，翰林学士往往充当皇帝顾问，是皇帝的机要秘书，很多宰相也是从翰林学士中选拔的。

孺、李宗闵再度为相，李德裕被贬到了崖州（治所在今海南琼山东南）。至此，持续了近四十年之久的"牛李党争"以牛党大胜而告终。不过，唐王朝也开始走入死胡同了。

那几个人一斗就斗了快四十年啊！

18 唐朝结束了

经历了藩镇割据、宦官专权和党派之争后的唐朝已是混乱不堪，唐宣宗之后的唐懿宗和唐僖宗更是昏庸无道，一天到晚只知道寻欢作乐，根本无心管理朝政。封建地主官僚们乘机加重对穷苦百姓的欺压。忍无可忍的农民终于纷纷起来反抗，其中规模最大的便是黄巢起义。

只可惜，黄巢起义最终还是失败了。此后的唐朝已经名存实亡。

904年，朱温毒死唐昭宗，另立他的儿子李柷（chù）为帝，是为唐景宗（即唐哀帝）。三年后，野心勃勃的朱温废掉李柷，自立为帝，改国号为梁，史称后梁。

至此，历时二百九十年的唐朝宣告结束。

寻欢作乐嘛！
皇上，您这是在……
皇上，管管朝政吧！
不管！
皇上，黄巢起义啦！
让他们来吧，成不了气候的！
玩吧玩吧！反正也没有几天好玩了。

冲天大将军黄巢

唐朝末年，穷苦的老百姓已被苛捐杂税压得喘不过气来，其中又以盐税的负担最重。奸诈的盐商还火上浇油，故意抬高盐价，使得百姓根本买不起盐，只好吃淡食。可这毕竟不是长久之计，于是，一些农民做起了贩私盐的买卖。不过，贩私盐是很危险的，它需要一伙人的通力合作。久而久之，盐贩子的队伍日渐壮大，而唐末农民起义的领袖人物也在其中应运而生。

875年，濮州（治所在今山东鄄城北旧城）的盐贩首领王仙芝领导几千农民在长垣（今河南长垣东北）起义。王仙芝自称"天补平均大将军"，发出文告，揭露朝廷官吏造成贫富不均的恶行。这个号召很快得到贫苦农民的响应。不久，冤句（治所在今山东曹县西北）的盐贩黄巢也起兵响应。

黄巢从小读过书，又能骑马射箭。他曾经到京城长安去参加进士考试，可是考了几次，都没有考中。他在长安看到唐朝廷的腐败和黑暗，心里十分气愤。据说，就在那个时候，他写下了一首咏菊花的诗，用菊花作比喻，表示他推翻唐王朝的决心。诗中写道：

"待得秋来九月八，我花开时百花杀。 冲天香阵透长安,满城尽带黄金甲。"

黄巢和王仙芝两支起义队伍会合之后,转战山东、河南一带,接连攻下许多州县,声势越来越大。唐王朝非常恐慌,命令各地将领镇压起义军。但是,各地藩镇都害怕跟起义军交锋,互相观望,使唐王朝束手无策。

等会儿下马,我要写首《菊花》诗。

唐王朝见硬的一套不行,就采用软的手法。在起义军攻下蕲(qí)州(治所在今湖北蕲春西南蕲州西北)的时候,他们派宦官到蕲州见王仙芝,封他"左神策军押牙兼监察御史"的官衔。王仙芝一听有官做,便迷了心窍,表示愿意接受任命。

黄巢得知这个消息,气愤极了。他带了一群起义军将士,找到王仙芝,狠狠地责备王仙芝,说:"当初大家起过誓,要同心协力,平定天下。现在你想去当官,叫我们弟兄往哪里去?"

王仙芝还想搪塞,黄巢抡起拳头,朝王仙芝劈头盖脑地打了过去,打得王仙芝满脸是血。旁边的起义军将士也你一言、我一语地骂王仙芝。王仙芝自知理亏，只好认错，把唐朝派来的宦官赶跑了。

经过这番波折，黄巢决定跟王仙芝分兵，独立作战，王仙芝向西，他向东。不久，王仙芝率领的起义军在黄梅（今湖北黄梅）被唐军打败，他本人也被杀死。

王仙芝失败后，起义军重新会合。大家推举黄巢为王，又称"冲天大将军"。

当时，官军在中原地区的力量比较强，起义军进攻河南的时候，唐王朝在洛阳附近集中大批兵力准备围攻。黄巢看出官军企图，决定选择官军兵力薄弱的地区，带兵南下。他们顺利渡过长江，打进浙东。起义军一路势如破竹，接连打下越州（治所在今浙江绍兴）、衢州（治所在今浙江衢州）；接着，又劈山开路，打通了从衢州到建州（治所在今福建建瓯）的七百里山路。经过一年多的长征，黄巢起义军一直打到广州，人数扩大到了百万。

起义军在广州休整以后，岭南地区发生瘟疫。黄巢决定带兵北上。唐王朝命令荆南节度使王铎、淮南节度使高骈集合大批官军沿路拦击，但被黄巢起义军逐个击破。起义大军顺利地渡过长江，吓得高骈推说得了中风症，躲进扬州城不敢应战。

起义军渡过淮河，向官军将领发出檄文，说："我们进攻京城，只向皇帝问罪，不干众人的事。你们各守各的地界，不要触犯我们的锋芒！"

各地官军将领接到檄文，因害怕起义军，都想保存实力，不愿为唐王朝卖命。消息传到长安，唐僖宗吓得朝着大臣哭哭啼啼，不知怎么办才好。

881年，黄巢带领六十万大军，浩浩荡荡开进潼关。潼关周围漫山遍野飘扬着起义军洁白的大旗，一眼望不到边。守潼关的官军还想顽抗。黄巢亲自到阵前督战，将士们见了，一齐欢呼，声音在山谷间回响，震天动地。官军将士听了心惊胆战，哪敢抵抗，纷纷烧掉营寨，四下逃命。

起义军攻下潼关，唐僖宗李儇(xuān)惊慌失措，和宦官头目田令孜带着妃子，逃到成都去了。来不及逃走的唐朝官员全部出城投降。

当天下午，黄巢坐着金色轿子，在将士的簇拥下，进入长安城。长安百姓扶老携幼，夹道欢迎。起义军大将尚让当场向大家宣布说："黄王起兵，本来是为了百姓，不会像姓李的(指唐朝皇帝)那样虐待你们，你们可以安居乐业了。"兵士们看到人群里的贫苦百姓，就把自己得到的财物分发给他们。

过了几天，黄巢在长安大明宫即位称帝，国号大齐。

起义军经过七年的斗争，终于取得了胜利。

但是，黄巢起义军长期流动作战，占领过的地方都没留兵防守。几十万起义军进入长安以后，四周还是官军势力。没过多久，唐王朝调集各路兵马，包围长安。长安城里的粮食供应发生了严重困难。

黄巢派出大将朱温驻守同州（治所在今陕西大荔）。但是，在起义军最困难的时候，朱温竟投降了唐朝，做了可耻的叛徒。唐王朝又召来了沙陀（古代西北部落）贵族、河东节度使李克用，率领四万骑兵进攻长安。起义军十五万将士迎战，遭到大败，只好撤出长安。

黄巢带领起义军撤退到河南，又遭到朱温、李克用的围攻。884年，黄巢在攻打陈州（治所在今河南淮阳）失败之后，受到官军紧紧追赶，最后，退到泰山狼虎谷，英勇牺牲。这场历时十年，横扫大半个中国的农民起义失败了。

历史微课

大明宫 始建于唐太宗时期，原名永安宫，是唐朝都城长安的三座主要宫殿（大明宫、太极宫、兴庆宫）中规模最大的一座，称为"东内"。大明宫是当时世界上规模最宏大、规制最严整、规划最具特色的宫殿群，被誉为"千宫之宫""丝绸之路"的东方圣殿。唐朝末年，大明宫毁于战乱。2014年6月，大明宫遗址作为世界文化遗产"丝绸之路：长安—天山廊道的路网"的一处遗址点，成功列入《世界遗产名录》。

唐王朝的末日

黄巢起义失败以后，唐僖宗回到长安。这时候，唐王朝的中央政权已经名存实亡。各地藩镇在镇压起义的过程中，扩大势力，争夺地盘，成为大大小小的割据力量，其中最强大的是河东节度使李克用和宣武节度使朱温。

朱温出身贫苦家庭，从小游手好闲。他家兄弟三个，数他最凶恶奸诈。黄巢起义后，他参加了起义军，受到黄巢的重用。

在起义军面临存亡的危急关头，他带兵叛变，投靠了唐王朝，给唐王朝帮了大忙。唐僖宗许他高官厚禄，还赏他一个名字叫"全忠"，派他镇压起义军。

当黄巢从长安退到河南的时候，兵力还很强。有一次，黄巢军攻打汴州，朱温向李克用求救。李克用打败了起义军，回到汴州。朱温假意殷勤招待，大摆酒宴，趁李克用喝得酩酊大醉的时候，派兵把驿馆团团围住，想害死李克用。李克用靠几个亲兵拼命救出，才突围逃走。打那时候起，李克用就跟朱温结下了死仇。这两支割据力量一直互相攻打。朱温的势力越来越大，李克用只能保住河东地区。

888年，唐僖宗病死后，他的弟弟唐昭宗李晔想依靠朝臣来反对宦官，但一次次都失败了。后来，宦官把唐昭宗软禁起来，想另立新皇帝。

这件事给了野心勃勃的朱温一个好机会。朱温派出亲信偷偷溜进长安，跟宰相崔胤(yìn)秘密谋划。崔胤有了朱温做后台，胆也壮了，就发兵杀了宦官头目刘季述，迎接唐昭宗复位。

唐昭宗和崔胤想杀掉所有的宦官，一些宦官就投靠了另一个藩镇、凤翔节度使李茂贞，把唐昭宗劫持到凤翔。

崔胤向朱温求救。朱温带兵进攻凤翔，要李茂贞交出唐昭宗。李茂贞敌不过朱温，连连打败仗。朱温大军把凤翔城包围起来，最后城里的粮食断了，又碰到大雪天，兵士和百姓饿死、冻死的不计其数。李茂贞被围在孤城里，毫无出路，只好投降。

朱温攻下凤翔，把唐昭宗抢了过来，带回长安。从此，唐王朝政权就从宦官手里转到了朱温手里，唐昭宗的日子更不好过了。

朱温掌握了大权，把宦官全部杀死，挟持唐昭宗迁都洛阳。离开长安的时候，朱温派人把长安的宫室、官府和民屋全部拆光，把材料运到洛阳，还逼迫长安的官吏、百姓一起搬到洛阳去。长安百姓扶着老人，拖着孩子，在兵士的驱赶下赶路。一路上，大家一面哭泣，一面痛骂祸国殃民的叛贼朱温。

唐昭宗到了洛阳，还想下密诏命令各地藩镇来救他。但是还没有盼到救兵，朱温已经动手把唐昭宗杀了，另立了一个十三岁的孩子做傀儡，他就是唐哀帝李柷。

宦官完了，皇帝也完了，留下的还有一批唐王朝的大臣。朱温手下的谋臣对他说："你要干大事，这些人最难对付，不如把他们统统赶走。"

有一个谋士李振，绰号叫作"猫头鹰"，因为考进士没考上，十分痛恨朝臣。他跟朱温说："这些人平时自命清高，把自己称作'清流'，应该把他们扔到浊流（指黄河）里去。"朱温依了他的话，在一个深夜，把三十几名朝臣集中起来杀掉，扔进了黄河。

907年，朱温废了唐哀帝，自立为帝，改国号为梁，史称后梁，建都汴（今河南开封）。

叛徒朱温成了梁太祖。统治中国将近三百年的唐朝就此宣告结束。

数风流人物，且看唐朝

唐朝是中国古代历史上最繁荣、最强盛的朝代之一，其文化更被视为中国乃至世界文化园林中的一朵奇葩。无论是在诗歌、小说、散文、绘画、书法等文学艺术领域，还是在天文、医学等科学技术领域，唐朝都取得了辉煌的成就，涌现出了众多杰出的人物。

以科技来说，世界上首次测出子午线长度的僧人一行、编著了《千金要方》的"药王"孙思邈等人在唐时出现，极大地改变了人们的传统观念，使中国的国际地位超过以往。

诗，是唐朝文化最具魅力的部分。流传至今的唐诗有近五万首，它们不仅反映了丰富的社会现实，而且具有优美的艺术形式，深受人们的喜爱。由此，李白、杜甫、王维、孟浩然、白居易等一大批唐朝诗人也成为我们耳熟能详的人物。

李白是也！
唐朝人氏。
这位仁兄尊姓大名，哪朝人氏？
大哥尊姓大名，
哪朝人氏？
我是药王孙思邈，大唐人氏！
大哥，别跟我说你也是唐朝人？
正是，我乃唐朝子午线测算大师一行！
莫非你也是唐朝人？
是也，我是诗圣老杜啊！
唐朝人才辈出，国力一定繁荣强盛，在唐朝绝对可以成才！
我也要加入大唐！

人类首次观测天象

中国古代的历法是一种"阴阳历"。以月亮的圆缺记录日期的变化,是为月;以太阳的运行确定季节的更替,是为年。这对于古代的农业社会而言,意义尤其重大。因此,每一任皇帝对于颁布历法之事都不敢掉以轻心。721年,唐玄宗特别指示对天文、历法很有研究的和尚一行修改历法。

一行在前人的基础上,大胆创新,首先制造了"黄道游仪"——一种观测太阳运行轨道的仪器。这个仪器由三个环组成:黄道环,用以观测太阳的位置;白道环,用以观测月亮的位置;赤道环,用以

观测恒星的位置。三环均可自由滑动。为方便观测，一行还在黄道环和赤道环的每一度上打了一个小孔。

一行正是利用这个精密的仪器，重新测定并记录了太阳、月亮以及五大行星的相互位置和运行轨迹。为了能进一步精确地测定季节的变化规律，一行建议在全国范围内进行一次大规模的天文观测。唐玄宗对此非常支持。

724年，经过几年的精心筹备后，人类历史上第一次大规模的天文观测活动终于正式开始了。这次观测收获了大量珍贵的天文资料，除了发现一大批南天星象外，还首次实测了地球子午线的长度，否定了一直以来的"南北地隔千里，日影相差一寸"之说。

有了以上这些观测数据，一行开始了历法的修编工作。他用两年时间完成了初稿。因为是根据《周易》的"大衍之数"推算修编而成的，所以他将历法取名为"大衍历"。这是中国古代最优秀的历法之一。

"行方智圆"话药王

他七岁上学，二十岁不到便能对老庄的哲学和诸子百家侃侃而谈；有人说他见过隋炀帝的外公独孤信，并被独孤信称赞为"圣童"。这位神奇的人物便是唐朝名医孙思邈。据说，当年唐太宗召见他时，他已四十多岁了，可看上去依然很年轻，唐太宗不禁赞叹："就好像古书上的神仙一般！"

被后人称为"药王"的孙思邈，自小钻研《黄帝内经》《神农本草》等医学经典，还拥有丰富的临床经验，二十多岁时便小有名气。而他一生中最大的成就，莫过于他编撰的《千金要方》了。

《千金要方》取名于"人命至重，有贵千金"之意。它将前人的医学经验和遗产分门别类，一一收录在内：以五脏六腑为纲，每一纲中先有总论，然后综述各家见解，阐明各病症候，最后列出各家所采用的方剂和疗法。《千金要方》被誉为"东方医学圣典"，同时也是我国医学界一直以来训诫医德的典范。

孙思邈常挂嘴边的是"行方智圆"四字，初唐四杰之一的卢照邻就曾受教于此。

历史微课

独孤信(502—557)本名独孤如愿。容貌俊美，善于骑马射箭。西魏时期，官至骠骑大将军；北周建立后，升任太保，晋封卫国公。长期镇守陇右，治绩突出。

卢照邻问:"您治病有什么奥妙吗?"

孙思邈回答说:"人类和自然界的道理是一样的。天气有冷暖更替,人的呼吸也有呼出和吸入两个过程;自然界有很多灾害,人类也有各种疾病。可见,若能洞察自然之理,也就能防治人类之疾了。"

"那成为一名好医生的条件又是什么呢?"卢照邻再次求教。

"《诗经》上写有'如临深渊,如履薄冰',意思就是说行事要谨慎。此外,做医生还要果断、大胆。概括地说,要想成为一名好医生,就应该胆大心细、行方智圆。"孙思邈回答道。

"诗仙"李白

酒,李白的最爱;诗,李白的专长。酒与诗的结合,造就了仙人般的李白。

李白首次进京时,曾和既是诗人又是大官的贺知章有过交往。贺知章当时就被李白的超凡脱俗深深吸引,并将他引荐给了唐玄宗。唐玄宗十分赏识李白的才华,便将他留在翰林院陪自己读书、作诗。

进了翰林院的李白仍然改不了喝酒的习惯。只要一有空,他就会找上一帮诗友到长安街的酒楼里饮酒作诗,而且每次都是不醉不归。

一次,唐玄宗要在宫里举行大型歌舞表演,急着为一支新曲填词,便命令宦官去找李白。宦官们好不容易在街市的酒店里找到了他,可他早已醉得不省人事了。宦官们没办法,只得用轿子把他抬进了宫。

李白被直接送到了唐玄宗的面前。宦官见他还是沉醉不醒,便拿来一盆凉水往李白的脸上泼了过去。李白这才睁开眼睛,醒了过来。

唐玄宗因为了解李白的性情,也就没再追究。他看李白终于清醒了些,便请李白入阁填词。而入阁需要换鞋,只见李白席地而坐,顺势跷起一条腿来，然后对着身旁的一个宦官喝道："帮我脱靴！"

要知道，这宦官可是唐玄宗最宠信的宦官头目高力士。他平日里嚣张惯了，现在却被一个小小的翰林官指令脱靴，可想而知，他心里不知道气成什么样了！但是碍于唐玄宗的面子，他也只能暂忍怒气，给李白脱了靴。

李白脱靴后，连正眼也没瞧一下高力士，拿起笔来就写。只一会儿工夫，三首《清平调》便新鲜出炉了。唐玄宗拿到词曲后，反复吟唱，感觉非常满意，又把李白大加赞赏了一番。

不过，李白的日子并未因此而变得更加顺心，因为他得罪了最不该得罪的大宦官高力士，从此埋下了祸患。

高力士对脱靴受辱之事一直怀恨在心，总想着什么时候可以报复一下李白。一次，他趁陪伴杨贵妃游赏御花园之机，造谣说李白在一首诗里将杨贵妃比作用美貌来淫惑西汉成帝的赵飞燕皇后，纯属有心讽刺。

杨贵妃果然信以为真，非常生气，便开始在唐玄宗面前说李白的不是。时间一长，唐玄宗也就开始疏远李白了。

三年后，李白离开长安，重新过起了自由自在的隐居生活，偶尔还游历各地。就是在这些日子里，李白创作了许多歌颂祖国大好河山的名篇。

"诗圣"杜甫

杜甫,字子美,与李白齐名,被后人尊称为"诗圣",是唐朝著名的大诗人。

杜甫在长安待了十年,唐玄宗才封了他一个官职,可没过多久,安史之乱就爆发了。长安一带已是民不聊生,杜甫只得带上家人挤进难民队伍,开始了逃生的日子。

757年,杜甫不惜长途跋涉赶到凤翔谒见唐肃宗。唐肃宗很感动,便派他做了左拾遗(谏官)。不过,又没过多久,杜甫就因上奏进谏罢免宰相之事而惹恼了唐肃宗,结果被贬到了华州。

杜甫带着失意的心情前往华州。途中,他目睹了各地官吏不顾百姓生死,强令抽调壮丁以补充兵力的恶行,其中很多都还是未满十六岁的孩子。

"这样的小孩能派去守卫洛阳吗?"杜甫问官吏。

可官吏哪会想这些,他们只管奉命抓人。杜甫不但没得到回应,还被推倒在了路边。无奈的杜甫只好拍拍身上的尘土,继续赶自己的路。

几天后的一个晚上,杜甫来到了一个偏僻的小山村。村里人家不多,看上去很荒凉。因为太晚了,杜甫便借宿在了一户人家家里。

睡到半夜时,村里突然敲门声四起。杜甫借宿的那户人家的老头,一听到动静便急速翻墙逃走了,只留下一个老婆婆等着应付官吏。

"你家老头去哪儿了?"官吏踢门而入,厉声喝道。

老婆婆只有哀声哭告:"我家的三个儿子都被抓去当了兵,刚听说其中两个已经战死,剩下的那个也受了伤。现在家里只有一个刚出生的孙儿和儿媳了。你们还想要什么人?"

官吏听后,不但毫无同情之意,还把老婆婆也抓去做苦役了。

这一路走来,杜甫亲眼目睹了民间的种种凄惨情景,心里久久不能平静。到达任所华州后,他终于愤然挥笔,写下了著名的"诗史"——"三吏三别"(即《新安吏》《石壕吏》《潼关吏》《新婚别》《垂老别》《无家别》)。

一年后,杜甫便辞去华州的官职,带着家人开始了流亡的生活。770年,因贫困和疾病,杜甫死在了湘江的一条小船上。

20 唐和周边国家的文化交流

唐代,在文化交流上与之关系甚为密切的要数日本和天竺两个国度了。

天竺,古印度别称。唐太宗时,唐和天竺之间就常有海上贸易往来,文化交流也较为频繁。其中,西游取经的玄奘法师,可以说是当时中印文化交流的杰出代表。

而唐和日本的交往更是空前频繁。自630年日本首次派出遣唐使开始,一直到唐末的二百多年时间里,到过中国的遣唐使就有十三批。唐太宗、武则天、唐玄宗等都接见过遣唐使。与此同时,跟随遣唐使前来的日本留学生,大多在唐时的最高学府上过学。他们刻苦勤奋,积极学习唐朝的历史、文化、政治制度和生产技术。在多次的文化交流中,高僧鉴真可谓做出了重要的贡献。

欢迎！欢迎！热烈欢迎！

皇上,俺回来了,您咋这么高兴呢?

朕看你带了那么多外国杂志回来,就高兴嘛。

皇上,您能看懂吗?

所以,还要你翻译翻译啊!

玄奘西行，决不东归

唐僧，法号玄奘，俗名陈祎，洛州缑氏（今河南偃师缑氏镇）人。十三岁出家，游学各地，因对佛教宗派迭出的现象深感困惑，所以下定决心要亲自前往佛教发源地天竺学习佛经。

可是，唐朝法律规定僧人不得出境，玄奘为此很是着急。直到贞观元年（627）八月，玄奘混入寻食的灾民队伍，才得以顺利通过边防关卡，开始了西行之路。

玄奘首先来到的是瓜州。在好心人的帮助下，他勇闯了关外的五座堡垒，才逃离了官兵的追查。他还意外得到了一匹瘦马，也算路上有了个伴。

不过，困难还远不止这些。再往西走，便是一片大沙漠。上不见飞鸟，下不见走兽，有时一阵旋风过来，就会卷起漫天沙土。沙漠里难觅水源，所以沿途常会有渴死的人或马的尸骨进入视线。玄奘看看自己的水袋，发现袋中的水已所剩不多，心

里正有些发愁。不料,在一次喝水时,他还失手将这仅存的一点水给打翻了。

玄奘打算折回去取水,可转念一想,自己曾有誓言在先:不达目的地,决不东归一步。于是,他又掉转马头,继续西行。他在沙漠里一连走了四夜五天,滴水未沾,到了第五夜,终于连人带马昏倒了。

半夜,凉风习习,玄奘被吹醒了。他站起来,牵着马又走了几里路,终于发现了一片草地和一股清泉。玄奘别提有多惊喜了,他在草地上好好地休息了一天,然后装满水袋,继续前行。

又走了两天,玄奘终于走出大沙漠,经过伊吾(治所在今新疆哈密),进了高昌城(今新疆吐鲁番东)。

高昌王麴(qū)文泰因为自己也是信佛的,所以对大唐来的高僧玄奘十分敬重。他请

玄奘讲经，还诚恳地邀请玄奘留在高昌。可玄奘一心要西行，高昌王也就不好强人所难。临行前，他给玄奘备好行装，并派了四名和尚、二十五名工役随行。此外，高昌王还写了二十五封信给沿途的二十五国国王，请他们保护玄奘过境。

　　玄奘一行，翻越雪山冰河，历经千辛万苦，途经碎叶城（故址在今吉尔吉斯斯坦北部托克马克附近），受到了西突厥可汗的热情接待。打那以后，玄奘的西行之路就比较顺利了。

　　631年，玄奘终于抵达那烂陀寺。那烂陀寺是天竺最大的寺院，也是佛教的最高学府，寺内僧人常达万人。主持那烂陀寺的戒贤法师年事已高，本已不对外讲学。但为了不远万里前来求法的玄奘，他还是破例收玄奘为弟子，并为玄奘讲学十五个月。玄奘感激万分。

　　玄奘在那烂陀寺一待就是好几年。几年来，他日夜不辍地精研佛学，终于成为一流的佛教学者。

立擂十八天无人敢挑战

玄奘在天竺求法期间,正值戒日王在位之际。戒日王是那烂陀寺的高僧,信奉的是大乘佛教。佛教有大乘和小乘之分,两派常常互相攻击。

有一次,戒日王率兵出征,途经盛行小乘佛教的乌荼国。小乘派弟子在戒日王面前大肆攻击大乘佛教,还特意送上小乘派大师写的《破大乘论》。戒日王对此根本不放在眼里,只是冷笑道:"狐假虎威,此乃狐狸之所为!"

小乘派不甘受辱,遂要求与大乘派辩论,以决高下。戒日王当即应战,马上修书戒贤法师,请他派人到乌荼国与小乘派弟子辩论。于是,戒贤法师选了师子光、海慧、智光和玄奘四弟子前往。

就在此时,突然又冒出了一位婆罗门教的挑战者。他在那烂陀寺的院门上挂起四十条理论,并声称,只要其中的一条理论被破解,他愿砍下头颅以示认输。

再说那四十条理论,也确实深奥莫测。几天下来,满寺僧众无一人敢出来应战。婆罗门教徒见状,不禁狂笑道:"都说那烂陀寺是天竺佛教的最高造诣之处,今日看来也不过如此嘛!"

而此时,玄奘等人正在闭门研究《破大乘论》,

对于寺院门前发生的事并不知情。这天，寺外吵闹声特别大，玄奘决定出来一看究竟，正巧听到了婆罗门教徒的狂言。于是，玄奘来到院门前，只粗粗看了一下那四十条理论，随即便撕了下来。

"你是何人？竟敢如此无礼！"婆罗门教徒见状，大声斥责道。

玄奘镇定自若地回答说："我是来自唐朝的和尚玄奘。"

婆罗门教徒听罢，怒气更盛了："你也有本事和我辩论吗？输了可是要砍头的！"

玄奘仍是一脸坦然，当着众人，开始逐一解剖那四十条理论的利弊得失。最终，婆罗门教徒输得心服口服："我认输，还请法师动手吧。"说着，便将自己的头伸了过去。玄奘忙拱手笑道："我佛慈悲，和尚从不杀生！"

至此，婆罗门教徒的挑战算是应付过去了，可乌荼国小乘佛教的诘难仍然笼罩着那烂陀寺。玄

奘潜心研究《破大乘论》，可始终有几处不得其解。说来也巧，那婆罗门教徒正好对此论颇有造诣，经他一讲，玄奘的疑惑一一解除，并写出了令戒贤法师赞叹不已的《制恶见论》。此论一出，小乘派大惊失色，自动放弃了辩论。

　　于是，戒日王趁机大肆弘扬大乘教义。他在国都曲女城为玄奘开了一个隆重的讲学大会，参加大会的有天竺十八国国王和三千多高僧。大会连续开了十八天，大家恭听玄奘的精彩演讲，没有一个人站出来提出异议。最后，戒日王派人举起玄奘的袈裟，宣告讲学大会圆满闭幕。

　　643年，玄奘用大象和马驮着六百多部佛经及其他物品起程回唐。动身那天，戒日王和当地百

姓为他送行几十里，才依依惜别。

645年正月，玄奘终于回到了阔别十八年的都城长安。当玄奘入城时，长安城沸腾了，几十万居民夹道欢迎。唐太宗李世民还在洛阳召见了玄奘，并要求他把亲眼所见写下来。玄奘遵旨，不懈地工作了十九年，共翻译出佛经一千三百多卷。由于劳累过度，他在译完佛经、写完《大唐西域记》之后一个月，便离世了。

历史微课

中国佛教三大翻译家 佛教自从汉代传入中国以来，就有无数的翻译者投入到佛经翻译的工作当中。其中最为突出的三个人——鸠摩罗什、真谛、玄奘，他们被誉为中国佛教三大翻译家。正是他们的艰苦探索，为我国的译学研究打下了坚实的基础，为中外思想文化交流做出了重大贡献。

鉴真六次东渡

鉴真,俗姓淳于,生于扬州江阳(今江苏扬州),十四岁在大云寺出家,法号鉴真。从707年开始,鉴真便四处游学,曾在东都洛阳、西京长安等地遍研佛经。

733年,鉴真终于学成名就,成为一代律宗大师,定居扬州大明寺(今法净寺),开始在江淮地区传授戒律。

天宝元年(742),日本僧人荣叡(ruì)、普照前来拜见鉴真,除了听大师宣讲戒律之外,还想邀请大师去日本传播佛学。鉴真欣然接受了邀请,并开始着手进行东渡的准备。但是,唐政府有禁令,不让僧人私自外出,这给鉴真的日本之行添了不少麻烦。

742—748年的六年间,鉴真先后五次东渡,历经磨难,却都由于各种原因宣告失败。尤其是第五次,鉴真遭遇了风暴的袭击,船在海上足足漂流了十四天,最后漂到了海南岛的振州(今海南岛南部)。在返回

历史微课

遣唐使 日本朝廷向中国唐朝派遣的使节。从7世纪至9世纪末的约两个半世纪里,日本为了学习中国文化,先后向唐朝派出十几批遣唐使团。日本派出的遣唐使为推动日本社会的发展和促进中日友好交流做出了巨大贡献,是历史上中日人民友好交往的盛举。

途中,鉴真由于过度劳累,加上中暑,突发眼疾,导致双目失明。

天宝十二年(753),日本遣唐大使藤原清河、副使吉备真备等到扬州拜访鉴真,再次请大师东渡。六十六岁高龄的鉴真就这样开始了他的第六次东渡。

就这样,经过十二年的努力,鉴真终于在754年踏上了日本的国土。

小试身手　选择一个正确的选项。

1. 在中国历史上,分裂和统一的局面曾交替出现。结束西晋后期以来近两百年分裂局面,又一次实现全国统一的关键人物是(　　)

   A.杨坚　　　B.李渊　　　C.李世民　　　D.武则天

2. 下列不属于隋的贡献的是(　　)

   A.结束分裂局面,完成统一

   B.创立科举制

   C.开通大运河,促进南北经济文化的交流和发展

   D.是我国诗歌发展的黄金时期

3. 从历史的角度比较秦、隋两朝的相似之处,不包括(　　)

   A.结束分裂,实现统一

   B.修建了巨大的工程

   C.仅二世而亡的短命王朝

   D.采取残酷的手段来加强思想控制

4. 通过考试选拔人才的制度,即科举制。这一制度创立于(　　)

   A.秦朝　　　B.西汉　　　C.隋朝　　　D.明朝

5. 隋唐时期建立了三省六部制,其中门下省的职责是(　　)

   A.决策　　　B.执行　　　C.批阅　　　D.审核

6. "玄武门之变"是一场统治阶级内部争权夺利的斗争。其发动者是(　　)

   A.杨坚　　　B.李世民　　　C.房玄龄　　　D.魏徵

· 189 ·

7. 唐太宗统治时期出现的繁荣景象,历史上称之为(　　)
   A.文景之治　　B.光武中兴　　C.贞观之治　　D.开元盛世

8. 敢于直言,向唐太宗进谏两百多次,被唐太宗比作自己的一面"镜子"的大臣是(　　)
   A.姚崇　　　B.房玄龄　　　C.魏徵　　　　D.杜如晦

9. 唐朝时国力强大,与周边各民族交往频繁。下列民族中,不可能与唐朝交往的是(　　)
   A.匈奴　　　B.突厥　　　　C.吐蕃　　　　D.回纥

10. 中国历史上第一个,也是唯一一个女皇帝是(　　)
    A.吕雉　　　B.王政君　　　C.武媚娘　　　D.慈禧

11. 在美国旧金山、纽约等地,人们把华侨、华人聚居的地方称为"唐人街",可见唐朝在人们心目中的地位。唐玄宗统治前期,唐朝进入全盛时期,历史上称为(　　)
    A.文景之治　　B.开元盛世　　C.开皇之治　　D.贞观之治

12. 唐太宗、武则天和唐玄宗治国措施的共同点是重视人才、任用贤能。下列历史人物中,在唐玄宗时被提拔担任宰相的有(　　)
    ①房玄龄　②杜如晦　③魏徵　④姚崇　⑤宋璟
    A.①②　　　B.①②③　　　C.③④⑤　　　D.④⑤

13. 唐朝由盛转衰的转折点是(　　)
    A.安史之乱　B.贞观之治　C.开元盛世　D.杯酒释兵权

14. "安史之乱"中,唐朝军队中涌现出许多杰出的将领,不包括(　　)
    A.郭子仪　　B.李光弼　　　C.尹子奇　　　D.张巡

15. "安史之乱"以后,唐朝国力衰落,最终走向灭亡,其原因是(　　)
   ①藩镇割据　②宦官专权　③牛李党争　④黄巢起义
   A.①②③　　B.①③④　　C.②③④　　D.①②③④

16. 唐朝是中国历史上诗歌成就璀璨的朝代,下列诗人中被称为"诗圣"的是(　　)
   A.李白　　B.杜甫　　C.元稹　　D.白居易

17. 下列历史人物中,主持进行人类历史上第一次大规模天文观测活动的是(　　)
   A.张衡　　B.祖冲之　　C.一行和尚　　D.郭守敬

18. 编纂医书《千金要方》,被后人称为"药王"的是(　　)
   A.华佗　　B.张仲景　　C.扁鹊　　D.孙思邈

19. 《西游记》中唐僧取经的故事家喻户晓,唐僧的原型是(　　)
   A.僧一行　　B.鉴真　　C.玄奘　　D.惠远

20. 下列历史事件中,能反映中日友好往来的是(　　)
   A.玄奘西行　　B.鉴真东渡
   C.戚继光抗倭　　D.郑和下西洋

答案
1.A　2.D　3.D　4.C　5.D　6.B　7.C　8.C　9.A　10.C　11.B　12.D　13.A　14.C　15.D　16.B　17.C　18.D　19.C　20.B